Urban Traffic Signal Control Theory and Method under the Environment of Connected Vehicles

车联网环境下的城市交通信号控制理论与方法

张 钊 戚 欣 郭梦迪 著

人民交通出版社股份有限公司
北 京

内 容 提 要

近年来,大批智能交通数据采集设施加快部署,人工智能、深度学习等技术不断发展,对于车联网的研究提升至新的高度,本书将传统的交通流理论与大数据技术和深度强化学习技术结合起来,构建了车联网环境下的城市交通信号控制理论与方法。全书共8章,包括:绪论、城市交通信号控制基础、交通状态估计、单交叉口信号控制优化模型、干道信号协调控制优化模型、基于强化学习的区域信号智能控制模型和案例分析。

本书可作为智能交通领域从业者的参考用书和高等学校智能交通相关专业的学习资料。

图书在版编目(CIP)数据

车联网环境下的城市交通信号控制理论与方法 / 张钊, 戚欣, 郭梦迪著. — 北京 : 人民交通出版社股份有限公司, 2021.9

ISBN 978-7-114-17346-2

Ⅰ.①车… Ⅱ.①张… ②戚… ③郭… Ⅲ.①物联网—应用—市区交通—交通信号—自动控制 Ⅳ.①U491.5-39

中国版本图书馆 CIP 数据核字(2021)第096726号

Chelianwang Huanjing Xia de Chengshi Jiaotong Xinhao Kongzhi Lilun yu Fangfa

书　　名:车联网环境下的城市交通信号控制理论与方法
著 作 者:张　钊　戚　欣　郭梦迪
责任编辑:李　晴
责任校对:孙国靖　宋佳时
责任印制:张　凯
出版发行:人民交通出版社股份有限公司
地　　址:(100011)北京市朝阳区安定门外外馆斜街3号
网　　址:http://www.ccpcl.com.cn
销售电话:(010)59757973
总 经 销:人民交通出版社股份有限公司发行部
经　　销:各地新华书店
印　　刷:北京交通印务有限公司
开　　本:720×960　1/16
印　　张:9.5
字　　数:102千
版　　次:2021年9月　第1版
印　　次:2021年9月　第1次印刷
书　　号:ISBN 978-7-114-17346-2
定　　价:58.00元
(有印刷、装订质量问题的图书由本公司负责调换)

PREFACE 前言

交通拥堵是城市管理者面临的巨大难题，高德地图发布的《2018 年度中国主要城市交通分析报告》显示，2018 年，我国有 74% 的城市在交通高峰时段处于交通拥堵或缓行状态。主要原因之一是现有的城市交通信号控制系统难以对复杂的城市交通状态进行监控，进而难以高效对交通状况进行控制和管理。因此，如何动态监控城市交通运行状态，并对城市交通信号控制系统进行优化设计，成为提高交通通行效率、缓解交通拥堵以及保障人民美好出行的关键所在。

目前，城市交通运行监控主要依赖于固定检测器，如布设在城市路网中的线圈检测器、摄像头、毫米波雷达等。然而，固定检测器容易受到外部干扰，如天气、非机动车、道路维护等都会影响其检测精度，进而限制交通信号控制的效果；此外，城市中大规模布设固定检测器也增加了安装、维护等各种成本。

按照交通信号控制的方法区分,城市交通信号控制模型主要有离线模型和在线模型两类。离线模型主要为基于数学优化的交通信号控制模型,而在线模型主要为基于规则的交通信号控制模型。近年来,随着车联网和机器学习方法的快速发展,在线模型也越来越多地应用了机器学习方法(如深度学习、强化学习等)。离线模型和在线模型各具优势,如离线模型结构简单,能够较好反映交通流量和交叉口通行能力及延误的关系,具有较好的解释性,精准的离线模型可以求得给定的长期交通流量下的最优解或次优解,然而却不能应对交通流量的短期波动。在线模型能够应对交通流量的波动性,然而其解释性较差,也无法求得交通信号控制方案的最优解。

按照交通信号控制的范围区分,城市交通信号控制模型主要有单交叉口信号控制优化模型、干线交通信号协调控制优化模型和区域交通信号控制模型三类,分别对应“点、线、面”三个层次的交通信号控制。三类模型都具有离线和在线两种控制方法,信号控制难度均随控制区域的扩大而上升。以区域交通信号控制模型为例,基于机器学习方法的在线信号控制模型往往会遇到“维度灾难”问题,即模型的求解空间随着求解问题范围的扩大呈指数上升趋势。

随着智能交通的快速发展和车联网技术的推广普及,网联车成为新型的交通信息采集工具,可以动态反馈大规模路网的交通运行状态,逐渐成为交通状态估计的主要数据来源。与此同时,随着深度学习、强化学习等人工智能技术的不断成熟，其在智能交通领域日益得到广泛应用，为城市交通信号控制提供了新的模型和方法。然而，现有的基于机器学习方法的在线模型往往基于随机方案开始寻找优化解，“维度灾难”问题使其求解时间过长而难以得到应用；而传统的离线模型是在一定的交通需求下寻求交通控制最优解，但难以应对交通流量的短期波动。将传统的离线模型和基于机器学习的在线模型相结合，则可构建一个拥有二者优点的信号控制优化方法。

基于此，本书提出一种车联网环境下的城市交通信号控制理论与方法，核心是将信号控制离线模型与在线模型相结合，以网联车轨迹数据作为交通状态估计的数据来源，实现对城市路网交通流量状态的估计(第3章)，并进一步构建离线的单交叉口信号控制优化模型(第4章)、干线信号协调控制优化模型(第5章)和在线的区域交通信号智能控制模型(第6章)，将离线模型得到的最优解作为在线模型的初始解，实现单交叉口、干线和区域路网的交通信号智能实时控制，本书第7章通过2个案例对书中提出的理论与方法进行了验证，并与传统的自适应控制模型、定时控制模型和深度强化学习模型进行了对比。

编著本书的主要目的是介绍一种基于网联车轨迹数据的交通信号控制理论框架，并阐述模型的构建、分析和仿真模拟等。本书可以为那些对城市交通信号控制感兴趣的研究者提供一些新的思路和见解。此外，作为一部学术专著，其内容具有较强的专业性，因此，本书也涵盖了部分交通流理论和交通控制的基础知识

(第2章)。

本书在写作过程中得到了国内外多位交通科学与工程领域的专家的支持,得到了国家重点研发专项计划“车联网和自动驾驶环境下交通建模、监视与控制”(2017YFE0194700)、国家自然科学基金面上项目“不同网联车渗透率条件下路网非均衡交通控制方法研究”(61773035)、国家自然科学基金联合基金项目“汽车智能化对安全、节能减排及缓解拥堵影响的系统评估方法”(U 1764265)和北京航空航天大学青年拔尖项目的资助。感谢北京航空航天大学交通科学与工程学院研究生张思遥、王京华、付道成、刘枫、莫磊,他们在本书的校对与加工方面做了许多工作,特此致谢!

获取专著所包含模型代码或就本书内容进行交流,可联系作者邮箱 zhaozhang@ buaa. edu. cn。

作　者

2021 年 3 月

CONTENTS 目录

第1章

绪论

1.1 研究背景

近年来,随着信息科学技术的快速发展,车联网技术成为研究的热点,其推动了智能交通的革新,主要体现在以下几个方面:

(1)车联网+移动互联网改变了交通信息获取、分析和发布的方式,进而为智能交通的信息提取及交通建模提供了基础数据;

(2)车联网+深度学习等技术的发展,带来交通状态估算、预测等方式的革新,进而引发交通控制方法的革新,成为未来人类交通效率的重要保障;

(3)车联网+无人车推动了人类交通出行方式和驾驶行为的深刻改革,进而引发智能交通出行、交通控制等方面的革新。

中国科学院的王飞跃在2016年电气和电子工程师协会(IEEE)智能交通年会(International Conference on Intelligent Transportation Systems,ITSC)撰文指出,车联网是从有人驾驶进步到智能无人驾驶的关键技术,从非车联网环境到未来完全车联网环境,需要相当长的时间和过程。以国内现状来看,网联车的渗透率在较长时间处于5%~10%左右。不同网联车渗透率环境下的交通控制相关研究,成为研究的热点和科研技术人员的巨大挑战[1~2]。

1.2 交通信号控制的发展

通过梳理国内外交通控制的研究现状,可以发现,交通控制按照控制范围划分,可以分为单点信号控制、干道信号控制和区域信号控制三种类型。

在单点信号控制方面,离线控制方法的理论基础是最早成熟和完善的,按照时间进度经历了Stage-based模型、Group-based模型和Lane-based模型三个阶段[3~8]。其中Lane-based模型将车道资源设置和信号配时综合起来,更好地考虑了空间资源和时间资源,是一种更有成效的定时控制方式。在线控制方法虽然设置较为灵活,但考虑到设备成本较高,设备安装位置、设备方式对控制效果影响较大,其在城市交通信号控制中受到诸多限制。其后出现的基于强化学习和深度强化学习等人工智能方法,利用神经网络从原始实时交通数据中提取有用的特征,并进行自学习,得到最佳的信号控制策略。经过多位研究学者的验证,该类方法在单交叉口信号配时上取得了较为良好的效果。

在干线信号控制方面，较为经典的理论是基于最大化带宽模型（MAXBAND）及它的改进模型如多带宽模型（MULTIBAND），这类模型通过设置各种约束条件，最大化干线绿波带，自动求解产生带宽最大时的最优周期时长、相位顺序、相位差和绿波速度[9~12]。MAXBAND及其衍生模型是目前城市交通中最为常用的一种干线信号灯协调控制模型。近年来，国内外很多学者将人工神经网络、群体智能算法、模糊控制等先进的计算方法用于解决干线协调控制问题[13~17]。基于神经网络交通控制方法具有良好的映射能力和学习功能，但这种监督学习的方法要求有足够合适的控制策略样本；对复杂的多目标最优化控制，传统群体智能算法面临违背约束条件或收敛到次最优解等问题；而多路口的模糊控制规则比较复杂，多路口的模糊控制还未能取得较好效果。除此之外，基于多智能体强化学习的干道信号控制方法也有一定的局限性。一种设置是每个单独的智能体会寻求各自的局部最优解，但是相互之间并没有进行协同，这样很有可能发生全局效率反而降低的情况。另一种设置是多智能体之间相互协调，这种情况下需要考虑的情况复杂度较高，对计算资源的要求特别高，在现实环境中实现困难[18~22]。

在区域信号控制方面，应用较为广泛的是SCATS、SCOOT等系统[23~24]，但这些系统都开发于二十世纪七八十年代，主要解决的是当时非饱和、冲突少的交通需求，其控制理论已经不能完全适应我国目前高饱和度、高复杂度和高混合度的交通需求[25]。近年来,有学者将深度学习和强化学习等理论运用到区域信号控制领域[26~30],但跟干道信号协调控制一样,这类方法多采用多智能体协调控制或者分层控制模式,对计算资源需求高,只能适用于较小规模的路网,无法扩展到更大规模的区域路网层面,并且几乎都是用仿真模型进行效果验证,落地项目较少,模型效果无法保证。

随着城市道路的不断扩建、交通信号控制路口数量的快速增长以及配时工作复杂度的不断上升,城市交通信号控制领域面临着以下三项挑战:

(1)专业技能方面:交通需求超过了系统承受能力,对信号控制提出了实时更新、路口适配的要求;

(2)协调控制方面:随着协调范围的扩大,信号控制方案需要根据路网结构和交通流量的变化进行迅速调整,但由于人力物力有限,难以及时发现、模拟和优化,导致信控方案滞后,影响道路通行效率;

(3)工作机制方面:在全量或者部分网联车数据的基础上,提升现有信号控制方案的事前预评估和事后效果评价水平。

1.3 本书结构与内容

结合信号控制领域的研究现状以及目前城市交通信号控制面临的挑战,我们亟须一种适合车联网环境下的大规模路网信号灯协调控制的方法和模型,以满足当代城市交通管理与控制的需求。近些年来,随着大批智能交通数据采集设施的部署,多样的、实时的交通大数据正在以指数级的速度增长，很多学者希望利用这些数据挖掘出交通变化规律，借此优化目前的信号控制手段。特别是随着人工智能、深度学习等技术的不断发展和推广，基于数据驱动和机器学习的交通信号智能控制方法有了更为宽广的发展前景。然而，仅依靠数据驱动加上机器学习方法，难以揭示交通流的波动性和交通控制的内部机理，因而亟须一种结合传统交通控制理论、数据驱动、机器学习方法的新的交通控制理论与方法。

综合所述，根据上述的机遇与挑战，将传统的交通控制理论与机器学习技术结合起来进行区域交通信号控制是一种可行的途径。本书将从这个方面入手，提出基于网联车轨迹数据的城市交通信号控制理论和方法，该理论和方法包括交通状态估计、单交叉口信号控制优化模型、干道信号协调控制优化模型和区域信号智能控制模型。该理论框架将稀疏的网联车全球定位系统（GPS）轨迹数据作为唯一数据源，进行交通状态估计（第3章）；然后将每个交叉口视为独立的个体，根据长期得到的交通到达率优化每个交叉口的空间和时间资源（第4章），并将优化后的车道设置和信号设置作为每个交叉口的基本设置，利用启发式算法或机器学习算法优化干线（第5章）或路网（第6章）的交通信号协调控制方案，以满足实时交通控制的需求。

第2章

城市交通信号控制基础

2.1 交通流理论

自20世纪30年代,研究者开始了对交通流理论的研究。在近百年的研究过程中,主要出现了三种从不同角度出发的方法:概率论方法、交通波理论和非线性系统方法。20世纪50年代之前,交通流的研究以概率论方法为主。如Kinzer和Greenshields等研究了将Poisson分布应用于交通模型中的方法。

20世纪50年代,交通跟驰理论和排队理论出现,前者是交通波理论的基础,而后者发展出了车辆排队模型。宏观模型方面,Lighthill、Whitham和Richards根据车数守恒原理和速度-密度关系提出了经典的交通模型——LWR模型(Lighthill-Whitham-

Richards)。基于 LWR 模型,Lighthill 和 Whitham 进一步提出了交通波理论。微观模型方面,Reuschel 和 Pipes 建立了跟驰模型,假设后车的速度是到前车距离的线性函数。跟驰模型构成了交通波理论的微观基础,其不断发展并用于微观交通研究中。

20 世纪 80 年代左右,由于非线性科学的发展,越来越多的研究者采用相变与临界现象、非平衡过程、自组织等新理论研究交通流这一复杂系统。流体力学中的一些理论也被用于交通流的建模中,例如经典的 N-S 方程。20 世纪 90 年代,元胞传输模型(Cell Transmission Model,CTM)的诞生,使得中观交通流模型被大量运用于交通领域的研究中。

然而,模型只是对现实的模拟。由于微观交通行为的复杂性远远高于微观物理问题,使用概率论方法、交通波理论和非线性系统方法都无法完全精确地描述客观现实中的交通现象。因此,交通研究者需要设计尽可能精确的模型,验证模型的有效性,并能够将模型应用于实际中。

2.1.1　交通流参数

为了研究交通流这一客观存在的研究对象,研究者需要对其进行观测。交通流参数就是在对交通流的观测中可以获得的参数,主要包括流率、密度(空间占有率)、时间占有率和速度。下面具体介绍每种交通流参数的定义和观测方法。

(1)流率

流率是单位时间内通过指定断面的车辆数。计算方法如下:

$$Q = \frac{N}{t} \tag{2-1}$$

式中，Q 为流率；N 为通过的车辆数；t 为对应的时间。其中 N 为换算后的车辆数，例如较长的车被计为 1.5 辆或 2 辆。流率一般可以通过断面检测器获得，例如布设在车道上的地磁检测器或线圈检测器。通过测量通过的车辆数和对应的时间，可以直接计算出流率。

(2)密度

密度是单位长度车道内的车辆数。计算方法如下：

$$k = \frac{N}{D} \tag{2-2}$$

式中，k 为密度；N 为某一时间点目标车道内的车辆数；D 为车道的长度。同样地，N 可能是换算后的车辆数。密度一般可以通过视频检测器获得。通过视频某一帧中车道中的车辆数和对应的车道长度，可以直接计算出密度。

(3)空间占有率及时间占有率

空间占有率是路段上所有车辆占用的长度与路段总长度的百分比，计算方法如下：

$$r_{s} = \frac{l}{D}$$

式中，r_{s} 为空间占有率；l 为路段 D 内所有车辆占用的长度；D 为路段的长度。

时间占有率是某一断面单位时间内车辆占用的时间长度。计算方法如下：

$$r_t = \frac{t}{T} \tag{2-3}$$

式中，r_t 为时间占有率；t 为断面在一段时间内被车辆占用的时间长度；T 为这一段时间的总长度。时间占有率同样可以通过断面检测器获得。通过测量车辆占用的时间长度和总时长，可以直接计算出时间占有率。

需要指出的是，在极限情况下（车道长度趋于0），密度等于时间占有率。在没有视频检测器时，时间占有率的测量易于密度。所以在很多实际应用中，常常采用时间占有率的值代表密度。

(4)速度

在交通流参数中，速度是较为复杂的概念，可以分为点速度和平均速度两类。点速度是指某一时间点在某一断面的瞬时速度。计算方法如下：

$$v = \frac{\Delta s}{\Delta t} \tag{2-4}$$

式中，v 为点速度；Δt 为测量时间长度；Δs 为对应的车辆移动距离。点速度可以通过断面检测器测量。固定一个较小的距离，测量车辆通过需要的时间，可以近似计算出点速度。

平均速度包括时间平均速度和空间平均速度。时间平均速度(Time Mean Speed)是某一断面在一段时间的平均速度。计算方法如下：

$$v_t = \frac{\sum_{1}^{N} v_n}{N} \tag{2-5}$$

式中，v_t为时间平均速度；v_n为第 n 辆车的瞬时速度；N 为该段时间观测到的总的车辆数，如图 2-1 所示。

空间平均速度（Space Mean Speed）等于路段的距离除以路段的平均行驶时间。计算方法如下：

$$v_s = \frac{D}{\bar{t}} = \frac{D}{\frac{1}{N}\sum_{1}^{N} t_n} = \frac{D}{\frac{1}{N}\sum_{1}^{N}\frac{D}{v_n}} = \frac{N}{\sum_{1}^{N}\frac{1}{v_n}} \tag{2-6}$$

式中，D 为路段长度；$\bar{t}$ 为路段平均行驶时间；N 为观测到的总的车辆数；t_n 为第 n 辆车在路段的行驶时间；v_n为第 n 辆车在路段的平均速度。空间平均速度可以由旅行时间检测器测量，例如在道路两端布设的一对固定检测器，可以测量每辆车通过的时间，如图 2-2 所示。

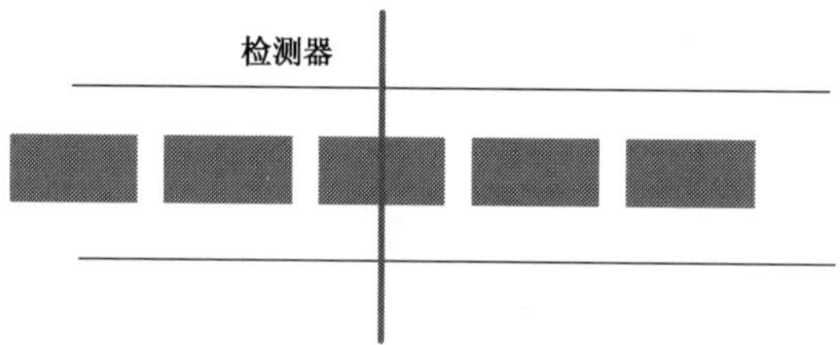

图 2-1　时间平均速度观测方法

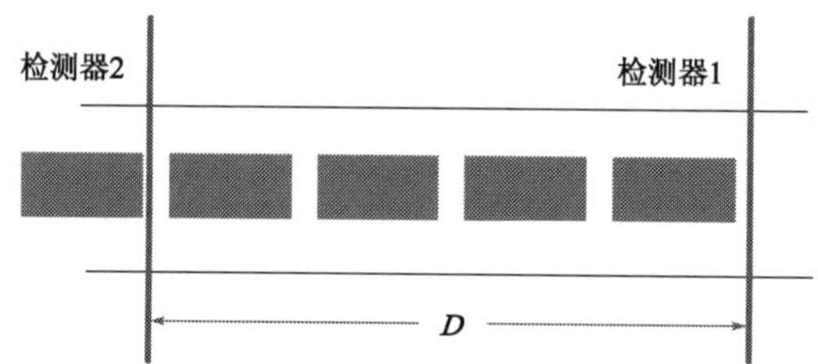

图 2-2　空间平均速度观测方法

以实际算例进一步说明时间平均速度和空间平均速度的区别：有一个 1km 的圆环路段，两辆汽车分别以 60km/h 和 30km/h

的速度匀速行驶，且互不干扰，如图 2-3 所示，求解时间平均速度和空间平均速度。

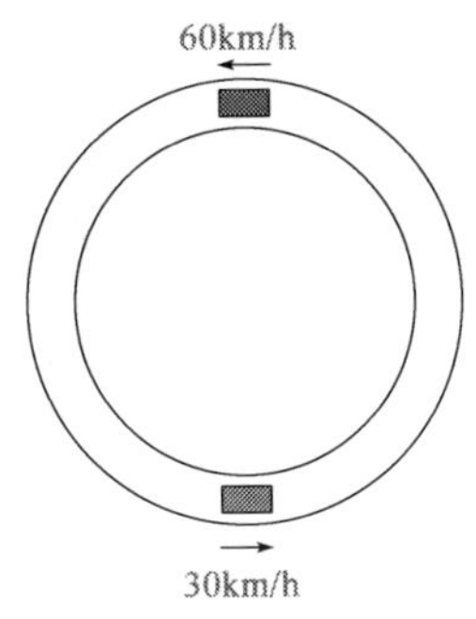

图 2-3　环形路段速度求解

①时间平均速度v_t。

经过 1h 测试，在一个观测点分别观测到深灰色车辆 60 次、浅灰色车辆 30 次，则$v_t = (60 \times 60 + 30 \times 30) \div (60 + 30) = 50$(km/h)。

②空间平均速度v_s。

经过 1h 测试，观测到 60 辆深灰色车辆以 60km/h 的速度开过了 1km，30 辆浅灰色车辆以 30km/h 的速度开过了 1km，则$v_s = (60 + 30) \div (1 \div 60 \times 60 + 1 \div 30 \times 30) = 45$(km/h)。

(5)基本图模型

交通流各个参数之间不是独立存在的，其中流率、密度和空间平均速度(以下简称速度)之间有着如下直接联系：

$$Q = K \cdot V \tag{2-7}$$

式中，Q 为流率；K 为密度；V 为速度。因此，三个变量中只有两个自由变量，当其中两个确定时，第三个变量也相应确定。常常采用流率 Q、密度 K 作为自由变量，因为流率 Q 代表了道路交通流量的大小，密度 K 反映了道路交通拥堵的状态，二者可以更好地描述道路的交通流量大小和交通拥堵的关系。

在一段指定道路上，参数流率 Q 和密度 K 之间也不是独立的。当密度较小时，速度接近自由流速度，此时流率 Q 和密度 K 保持接近线性关系；当密度超过一定阈值时，速度会由于微观跟驰模型的影响而降低，流率 Q 和密度 K 不再保持接近线性关系，Q/K 的值会随着密度 K 的增大而减小。这种流率 Q 和密度 K 之间的关系称为基本图关系，如图 2-4 所示。

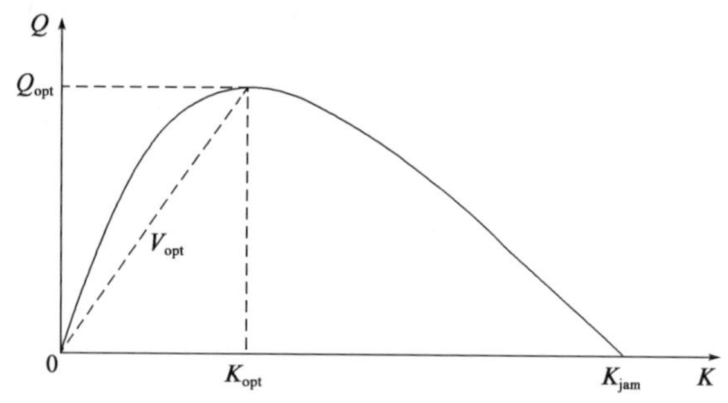

图 2-4　流量-密度基本图

在流率-密度图中，横轴表示密度 K，纵轴表示流率 Q，所以图中的点与原点连线的斜率即为速度 V。基本图模型图中曲线上的每个点表示指定道路的某一种状态，即整条曲线表示了所有可能出现的状态。曲线呈倒 V 形，即随着密度 K 的增大，流率 Q 先增后减。流率 Q 存在最大值 Q_{opt}，对应最优密度 K_{opt} 和最优速度 V_{opt}，此时道路通行能力最大。曲线与横轴有两个交点：左侧的交点在原点位置，表示密度和流率均为 0 的情况；右侧的交点表示密度最大的情况，即道路完全拥堵，平均速度为 0，因此流率也为 0。

对于不同的道路，基本图模型的曲线是不同的；对于同一段道路，在不同条件下的曲线也可能不同。因为基本图关系可以看作道路的一种属性，其与道路的很多因素有关，例如车道数量、车道宽度、隔离情况、路面情况、天气条件、光照条件等。另外，如果一条道路由多种情况差异较大的路段组成，其基本图关系可能比上述倒V形的关系更加复杂，例如出现多峰曲线，或者一种密度对应多种流率的情况。

2.1.2　交通波理论

在一段条件均一的道路上，如果密度 K 和流率 Q 不变，车流可以以同一种状态通过，此时称其为稳定的车流。如果密度 K 和流率 Q 缓慢地连续变化，车流的 Q-K 状态会沿着基本图曲线移动。如果由于事故、流量控制或其他突发事件的影响，密度 K 和流率 Q 发生突变，则车流状态会在基本图上发生跳跃，并且两种不同的车流状态之间会产生一个虚拟的界线。这条界线会随着车流状态的变化而移动，看起来像是车流中产生了水波，这种现象称为交通波，如图2-5所示。

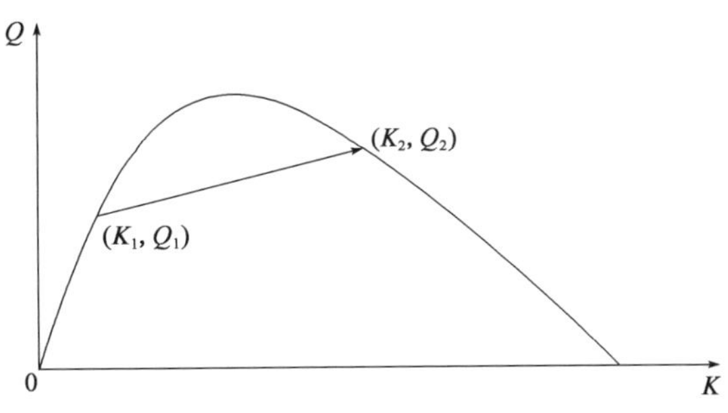

图2-5　基本图曲线上状态的改变

如果车流从高密度状态向低密度状态跳跃,则称为消散波,例如车流驶离事故路段的情况;如果车流从低密度状态向高密度状态跳跃,则称为集结波,例如车流进入事故路段的情况。交通波的速度为前后两个状态在基本图上的连线的斜率,计算方法为:

$$u = \frac{Q_2 - Q_1}{K_2 - K_1} \tag{2-8}$$

式中,u 为交通波的速度;(K_1, Q_1) 为跳跃前车流状态;(K_2, Q_2) 为跳跃后的车流状态。如果 $u > 0$,则交通波速度方向与车流方向相同;如果 $u < 0$,则交通波速度方向与车流方向相反。交通波速度和方向的计算可以有效地应用于实际,例如排队长度的估算、拥堵的形成和消散时间判断、事故对交通影响的分析等。

2.1.3　车辆排队模型

车辆排队模型应用于路口或匝道等车辆临时进入排队状态的情景,其理论基于经典的排队论模型。源于 20 世纪初的电话通信排队问题,Erlang 在 1909 年提出了排队论模型。排队论模型的基本假设是顾客以服从某种分布的时间间隔到达,如果服务台空闲,则可以直接被服务,否则需要排队等待。服务台的服务时间也服从某种分布,顾客被服务后离开系统。

排队论中有六大要素,一般用 X/Y/Z/A/B/C 的形式表示。其中 X 表示顾客到达时间间隔的分布,Y 表示服务时间的分布,Z 表示服务台数量,A 表示排队容量限制,B 表示顾客数量,C 表示服务规则。为了简化模型,一般认为排队容量无限制,顾客数量无限,并且服务规则是先到先服务(FCFS),所以要素可以简化表示为X/Y/Z。对于X和Y,可以用一些字母简化表示,例如M代表负指数分布、D代表固定时间间隔、E_k代表k阶埃尔朗分布、G代表一般分布等。下面简单介绍两种常见的服务系统:单通道排队服务系统(M/M/1)和多通道排队服务系统(M/M/N)。

(1)单通道排队服务系统(M/M/1)

如果系统中只有一个服务台,顾客到达时间间隔和服务时间都服从负指数分布,那么这个排队系统可以称为单通道排队服务系统。设顾客到达时间间隔的负指数分布的参数为λ,服务时间的负指数分布的参数为μ,那么到达平均间隔为$1/\lambda$,平均服务时间为$1/\mu$。引入服务强度$\rho=\lambda/\mu$,当$\rho>1$或$\rho=1$时,排队状态不稳定,排队长度会变得越来越长。$\rho<1$时,排队状态稳定,此时有以下结论:

系统中没有顾客的概率为:

$$P_0=1-\rho \tag{2-9}$$

系统中有n个顾客概率为:

$$P_n=\rho^n(1-\rho) \tag{2-10}$$

平均顾客数量为:

$$L_s=\frac{\rho}{1-\rho} \tag{2-11}$$

顾客数量的方差为:

$$S=\frac{\rho}{(1-\rho)^2} \tag{2-12}$$

平均排队长度为:

$$L_q=\frac{\rho^2}{1-\rho} \tag{2-13}$$

顾客平均消耗时间为：

$$W_s = \frac{1}{\mu - \lambda} \tag{2-14}$$

平均等待时间为：

$$W_q = \frac{\rho}{\mu - \lambda} \tag{2-15}$$

(2)多通道排队服务系统(M/M/N)

如果系统中有 N 个服务台,顾客仍在一条队伍中排队,则系统称为多通道排队服务系统。多通道排队服务系统不是指有多条排队队列,因为有多条排队队列的情况相当于多个相互独立的单通道排队服务系统,如图 2-6 所示。

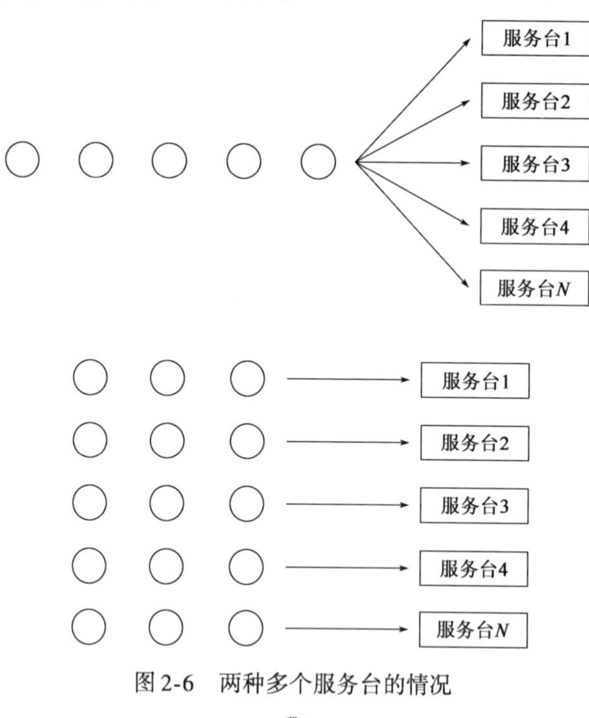

图 2-6　两种多个服务台的情况

对于多通道排队服务系统，如果每个服务台的服务时间间隔分布的参数μ都相同，那么系统稳定的条件为$\rho/N<1$。由于多通道排队服务系统的结论较为复杂，这里省略对其结论的列举。

2.2 交通信号控制

在介绍信号控制策略之前，首先列举信号控制中的一些基础概念。

进口道：交叉口处车流由相同道路进入交叉口的一组车道，一般包括直行车道、左转车道和右转车道。

出口道：交叉口处车流由相同道路流出交叉口的一组车道。

流向：交叉口处车流由某一进口道流向某一出口道的方向，可以分为直行流向、左转流向和右转流向。

周期长：交叉口信号循环一次的时间长度。

相位：交叉口若干同时放行且同时禁行的流向组合。

阶段：信号周期内各个相位保持不变的时间段。一个信号周期内包含多个阶段，每个阶段放行若干相位。

相序：各个相位显示绿灯的先后顺序。

冲突相位：交叉口中某两个流向不能同时放行，称为一对冲突相位。

损失时间：由于驾驶员反应时间等因素造成的绿灯时间损失部分。

有效绿灯时间：扣除损失时间之后的绿灯时间。

绿信比:有效绿灯时间与周期长之比。

黄灯时间:警示驾驶员信号即将由绿变红的时间。

全红时间:从上一阶段的黄灯时间结束到下一阶段的绿灯时间开始之间的时间间隔,用以清空交叉口内部的车流。

早断迟启:感应控制中,根据实际车流到达的情况,对阶段中的绿灯开始时间或结束时间进行临时调整。

公共周期:在多个交叉口协调控制时,各个交叉口的共同周期。有的交叉口的流量较小,周期可以是公共周期的一半。

相位差:两个交叉口周期开始时刻的时间差。

绿波控制:干线协调控制中,使车流能够不停车通过若干交叉口的控制策略。

绿波宽度:绿波控制中,使车流能够不停车通过若干交叉口的时间宽度。

2.2.1 单点信号控制

单点信号控制是指只控制一个独立交叉口的信号,不与其他信号灯协调的控制策略。单点信号控制主要分为两类:定时控制和感应控制。

(1)定时控制

定时控制是指事先确定信号控制的周期长、相序和各个相位的绿信比,不随实时车流而变化的信号控制策略。这种控制策略使用广泛,需要交通工程师根据交叉口各流向的流量计算最优周期长和绿信比。在实际应用时,可以根据不同时段的流量差异设

置分时段的定时控制策略。

(2)单交叉口定时信号配时算法

经典的单交叉口定时信号配时算法包括 TRRL 算法、ARRB 算法、HCM 算法和冲突点法，这里简单介绍 TRRL 算法的计算流程。TRRL 算法基于 Webster 公式，优化目标是总延误最小，需要已知各个流向的流量和车道数。首先计算每个相位的流率比，即流量与通行能力的比值。然后对各个相位的流率比求和，得到交叉口总流率比 Y。则交叉口的最优周期长度 C_0为：

$$C_0 = \frac{1.5L + 5}{1 - Y} \tag{2-16}$$

式中，L 是总损失时间，包括所有绿灯损失时间、黄灯时间和全红时间。最后将周期时间分配到各个相位，相位的显示绿灯时间长度为：

$$G_n = \frac{y_n}{Y}(C_0 - L) + l_n \tag{2-17}$$

式中，y_n为相位 n 的流率比；l_n为相位 n 对应的绿灯损失时间。也就是说，显示绿灯长度为有效绿灯时间与绿灯损失时间之和，而有效绿灯时间是将周期长去除总损失时间之后按流率比的比例进行分配。注意，TRRL 法适用于交叉口未达到饱和状态时的情况，并且 Y 不能太接近 1，否则会导致周期过长。

(3)相序设计方法

因为每个交叉口的流量分布特征各不相同，所以需要采用合理的相序对周期长进行充分利用，使整体的通行能力最大化。这里针对十字交叉口,介绍 NEMA 标准下的控制环方法。控制环是描述一系列冲突相位按照既定顺序启动的图,包括单环控制、双环控制和多环控制,这里主要介绍双环控制方法,如图 2-7 所示。

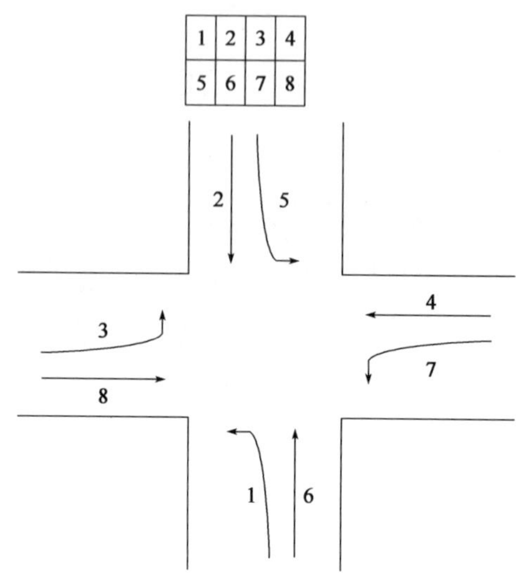

图 2-7　交叉口各流向的数字表示

图 2-7 中每个数字表示一个流向,如果以东西南北作为此十字交叉口的各个进口道方向,则 1 和 6 表示南进口道的左转和直行,2 和 5 表示北进口道的左转和直行,3 和 8 表示西进口道的直行和左转,4 和 7 表示东进口道的直行和左转。在双环控制中,每一行表示一个控制环,即流向的绿灯开启顺序是 1-2-3-4-1 和 5-6-7-8-5。2、6 与 3、7 之间的竖线称为隔离线,必须处于同一时间点,即 2 和 6 两个流向的绿灯必须同时结束,而 1、5 与 2、6 之间的竖线和 3、7 与 4、8 之间的竖线没有这一要求,给相位长度的调整增加了灵活度。上下控制环在同一列可以重叠的流向是不冲突的,

因此如此设计的双环控制在灵活调整相位长度的同时,不会产生冲突的相位。

这种双环控制可以生成四相位的方案,称为标准四相位。在实际应用中,如果对于冲突相位可以设置让行规则,则还可以设计两相位或三相位的方案,如设置左转让行相位,用于左转车流较小或总流量较小、周期较短的交叉口。另外,对于流量较大、周期较长且各个流向之间流量分布不均的情况,还可以生成左转保护相位,以适应实际流量分布情况。在本书中,作者将在第4章提出单交叉口的信号灯优化模型。与传统的方法不同,该模型可以根据交叉口流量状态,自动生成以延误最低为目标的相位方案。

(4)车道渠化设计方法

在交叉口的各个进口道,每条车道可以被设置为不同的转向类型,称为车道渠化。交叉口的渠化还包括导流岛和路面标线等分隔冲突车流的方式,这里主要讨论与交通信号控制相关的部分,即车道渠化。在车道渠化中,如果不考虑掉头(掉头往往与左转设置在同一车道),车道可以被设置为以下类型:直行、左转、右转、直左、直右和直左右。这里直左、直右、直左右是指多个流向共有车道的类型,通常只能设置在对应的流向在同一相位的情况。

车道渠化的优化原理基于对通行能力的调整。通过调整车道的渠化类型,可以调节对应流向的通行能力,从而改变流率比,提高信号方案对不同流向流量分布的适应性。例如在TRRL算法中,可以通过同时调整车道渠化和相序,减少绿灯时间的浪费,达到优化整个交叉口的目的。在本书中,作者将在第 4 章提出基于车道的信号灯优化模型。与传统的方法不同,该模型可以根据交叉口流量状态,自动生成车道渠化方案和信号灯相位方案。

(5)感应控制

感应控制是预设初始控制方案之后,周期长和每个相位的绿灯时间可以随着实时车流情况调整的控制策略。感应控制需要依靠检测器得到的实时数据实现,检测器可以检测上游到达流的实时流量或停车线附近的实时流量。

感应控制的一种具体实现方式如下:在停车线处布设检测器检测停车线的占用情况,设置相位的初始绿灯时间、单位延长时间和最长绿灯时间。如果在接近初始绿灯结束时,检测器仍然被占用,则延长一个单位延长时间。在每一个单位延长时间内,如果有车通过停车线,则继续延长一个单位延长时间,否则切换到下一个阶段。如果达到最长绿灯时间,则强制结束本阶段。

感应控制适用于车流到达的分布变化较快的情况,在这种情况下,可以有效避免定周期控制可能带来的绿灯时间太长导致绿灯时间浪费的问题,或者绿灯时间不足导致二次排队的问题。

2.2.2 干线信号控制模型

干线信号控制需要对干线上的交叉口进行协调,即在确定公共周期、绿信比和相序之后,还需要确定各个交叉口的相位差。干线信号控制常常使用绿波控制策略,这种策略使尽可能多的车能够不停车通过干线上的若干连续交叉口,从而达到减少停车次数、降低延误的目的。主要的绿波控制方法有单向绿波控制和双向绿波控制,可以根据干线的流量特点进行选择。当干线的其中一个方向流量明显大于另一个方向时,可以采用单向绿波控制方法;否则,若两个方向流量接近,则可以采用双向绿波控制方法。

(1)单向绿波控制

单向绿波控制是只考虑干线中流量较大的方向的绿波控制方法。常用的单向绿波控制算法如下:首先计算各个交叉口的最优周期、相序和绿信比,取最大的最优周期作为干线的公共周期,将其他交叉口的周期长设置为公共周期。如果有交叉口的最优周期不大于公共周期的一半,则可以将此交叉口的周期长设为公共周期的一半。对于各个交叉口,将流量较大方向对应的直行流向的相位设为第一相位,即此相位绿灯时间所在的阶段作为周期的第一个阶段。然后计算各个交叉口之间的绿波行驶时间,即按照绿波速度计算在每两个相邻交叉口之间行驶所需的时间。最后将此绿波行驶时间设置为对应的相邻交叉口的相位差,即得到了单向绿波控制的具体信号控制方案,如图2-8所示。

(2)双向绿波控制

双向绿波控制是需要考虑干线中两个方向的绿波控制方法,如图2-9所示。

常用的双向绿波算法有图解法、数解法和模型法。图解法是在时空图上绘制每个交叉口的绿灯时间位置,通过调整相位差和绿灯持续时间优化绿波宽度。数解法是根据各个相邻交叉口之间的距离,按照给定的规则优化相位差。这两种方法广泛应用于工程实际,并且对操作者的经验要求较高。模型法是建立数学模型,以绿波带宽作为优化目标、相位差作为决策变量进行优化。经典的模型法有 MAXBAND 和 MULTIBAND,它们属于混合 0-1 整数规划模型,可以使用优化软件基于分支定界法求解。

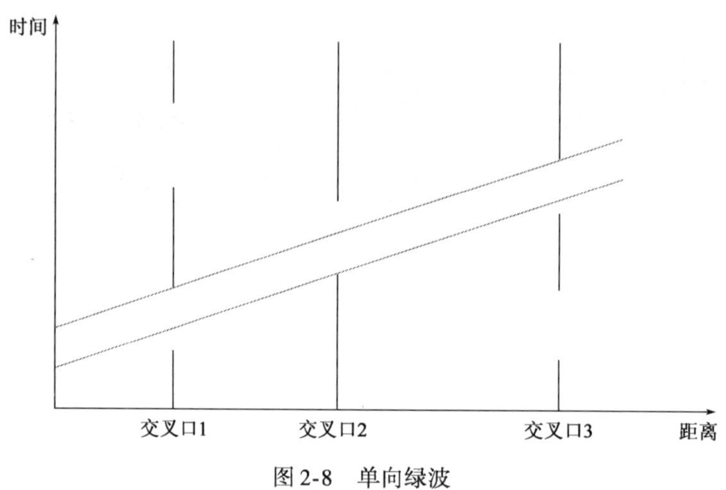

图 2-8　单向绿波

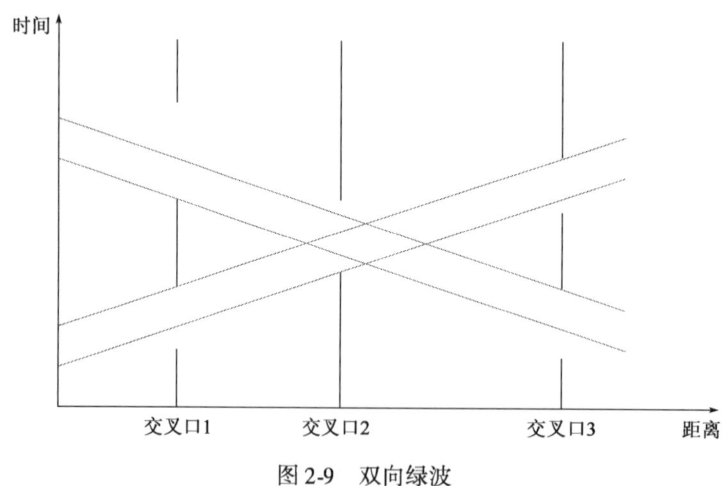

图 2-9　双向绿波

2.2.3 区域信号协调控制模型

区域信号协调控制与干线信号控制类似,是对区域内的信号灯进行协调控制。与干线控制不同的是,由于区域中交叉口之间的拓扑关系远远复杂于干线,所以协调控制更加困难。干线中的绿波控制方法无法直接推广到区域,需要多层级的控制策略。常用的区域协调控制方法有自适应控制、中心式面控和分布式面控。

(1)自适应控制

自适应控制是区域中每个交叉口根据实时得到的流量、排队长度、停车次数、延误等信息调整参数的控制策略,可调整的参数包括周期长、相序、绿信比和相位差等。自适应控制类似单交叉口的感应控制,不同之处在于它同时考虑周边交叉口的方案和实时信息,可以实现较好的协调效果。区域自适应控制可能达不到区域的全局最优,因为每个交叉口的优化都是局部的,多个局部最优的组合可能不是全局最优。然而这种控制策略可以得到相对较好的满意解,并且对实时数据的适应性较强。

(2)中心式面控

中心式面控是区域中所有信号机的控制方案都由控制中心的服务器计算和下发的控制策略,该控制方式同时考虑各个交叉口之间的协调关系。这种策略要求中心能够获取所有信息,对所有交叉口的参数进行全局优化,因此对中心的存储能力、计算能力以及网络的传输速度都有较高的要求。中心式面控的优点是能够得到全局最优解,并且综合考虑了各个交叉口之间的协调关系;缺点是优化问题的规模很大，导致计算时间较长，难以基于实时数据对信号机的控制策略进行有效的适应性调整。

(3)分布式面控

分布式面控是为了解决中心式面控和自适应控制各自的缺点而产生的一种多层级的控制策略。分布式面控将控制单元分布在网络的各个层级，而不是集中在控制中心。每一层控制单元收集下层的信息，并通过上层与其他控制单元交换信息。上层的控制单元也可以综合其下层的单元得到的信息对下层进行干预，以克服自适应控制无法得到全局最优的缺点。这种分布式控制策略将信息存储和优化计算的部分分散到了各个控制单元，大幅缩小了优化问题的规模，使得优化计算能够在可接受的时间内完成，从而能在一定程度上实现实时优化控制。分布式面控得到的方案结果也可能不是全局最优，但相比于自适应控制，其结果的最优性更加接近中心式面控的全局最优解，是当前兼顾计算复杂度和全局最优性两个问题的较好控制策略。

在传统的交通信号控制理论中，交通流量是交通信号设置的先决条件和输入。传统的模型往往基于交叉口及路段的固定检测器来检测交叉口各进口道的流量及转向比，并进一步通过模型来优化车道渠化和信号灯设置。然而，传统的固定检测器受到外部环境影响巨大，如道路施工、雨水或非机动车皆会影响固定线圈检测器的检测精度。同时，在路网大规模铺设固定检测器投资巨大，建设及维护成本高。近年来，随着车联网的快速发展，车辆搭载的GPS设备提供了海量的车辆轨迹数据，这些数据将为路网交通状态的估计提供大规模的数据基础,并进一步引发交通状态估计和交通信号控制理论与方法的革新。

2.3　本章小结

本章首先介绍了交通流理论,包括交通流三参数、交通基本图和排队论,该部分理论与模型是交通信号控制的基础理论;此外,本章介绍了交通信号控制的基本概念、单点信号控制、干线信号控制和区域信号控制的模型与方法,并指出了现有方法的不足及车联网带来的新机遇。

第3章

交通状态估计

交通状态估计是交通信号控制的基础,基于车联网信息进行交通状态估计的精度受到网联车渗透率的影响,进而限制了在系统层面实施交通控制的效果。本章提出了一种利用低渗透率条件下网联车轨迹数据进行交通状态估计的方法,其主要包括信号灯状态估计和交通流量估计。本章以长期(历史)网联车 GPS 轨迹数据为基础,以单个交叉口为研究对象,首先提出一种基于快速傅里叶变换(Fast Fourier Transform,FFT)的交叉口信号周期估算方法,并进一步构建一个优化模型,以估算信号灯相位设置;在此基础上,估算交叉口排队长度,并进一步基于贝叶斯推断来提升排队长度的估计精度,最后估算交叉口交通到达率。整个过程包括四个部分,下面分别详细介绍。

3.1 基于轨迹数据的交叉口信号配时估计

在智能网联环境下,交叉口的信号周期、配时估计是估算交通状态的前提。交叉口附近的每一条车辆的GPS轨迹都包含了车辆的相关信息(如速度和位置),并可以通过该信息来反推前方信号灯的状态,因此,首先基于GPS轨迹数据推断交叉口的信号配时。

当前所有已知的用于估计信号配时参数的方法都需要首先知道周期长度。目前已经有两种成熟的方法,一种是探索延误模式与红灯时间开始之间的相关性的"周期中断"方法[31],另一种是在特定时段尝试各种可能的周期长度,最小化某种类型的偏差和误差的方法[32]。这些方法精度不高且很复杂。

在实际情况中,当GPS信息显示车速为零且车辆位置接近停车线时,信号灯很可能是红灯;而当车辆以相对较高的速度行驶或者通过停车线时,信号灯则很可能是绿灯。上述两种情况也基本阐述了信号状态、车辆位置和车速之间的相关性。对此,仅基于GPS轨迹数据,本书提出了一种结合快速傅里叶变换与混合整数规划(Binary Mixed Integer Linear Program,BMILP)模型的交叉口信号周期及配时的估计方法,该方法以GPS轨迹数据为唯一数据源。该方法主要分为周期长度估计和信号配时估计两步。

3.1.1 周期长度估计

由于GPS轨迹信息的稀疏性,在3% ~5%的低网联车渗透率条件下完整再现所有过往车辆的行驶轨迹和时间-速度图是相当困难的。假设我们能记录到第一辆因红灯而停车的车辆的完整行驶轨迹,那么从它开始减速到开始加速所经过的时间就是红灯的时长(不考虑驾驶员看到红灯后的反应时间)。然而,由于网联车的低渗透率造成的轨迹稀疏性,这种情况出现的概率很小,因此需要融合不同时段的 GPS 数据来弥补这一缺陷:假如某交叉口一个月内工作日相同时段的信号配时不变,将一个月内工作日的数据进行叠加就可以实现 GPS 数据的融合。

完成数据融合后,还对每一辆车的行驶轨迹进行分析。这里值得注意的是,接近交叉口的车辆通常分为两种类型:第一种类型的车辆(表示为Car_{Type1})在绿灯期间到达且没有延误或停车通过停车线。这类车辆通过交叉口时,很有可能保持相对稳定的速度,甚至从较高的速度加速。第二种类型的车辆(表示为Car_{Type2})是因红灯或排队而延误的车辆。它们先减速至较小速度或停止,并最终加速。

本章利用车速信息来检测每辆车通过停车线的时间点。对于车辆通过停车线后速度保持不变或以一个恒定的加速度加速这两种假设情况,都可以反算出车辆通过停车线的时间点。Fayazi 等[32]对此加速度进行了讨论,他们使用公共汽车在公共汽车站停车前的速度曲线和二次函数来估计公共汽车的平均加减速度。然而,考虑到出租车和公交车的明显特性差异,这些参数并不完全适用于我们的问题。由于 GPS 的加速度记录存在已知的缺陷和测量误差,用 GPS 数据估计出租车的平均加速度也不可靠。Long 于

2000 年发表的文章[33]提出了一个相对可靠的乘用车停车加速度，即 1.44m/s^2。本节将基于该加速度，进一步估计绿灯时间。

然而，由于实际 GPS 轨迹数据不足以绘制足够多的轨迹点，所以需要融合多日的数据。在绝大多数城市中，工作日的相同时段交叉口具有相同的信号配时，因此，可以将多个相同工作日的车辆轨迹数据视为在同一天。在实践中，30d 左右的数据就足以完成交叉口的信号配时估计。

至此，我们得到了一种时域信号（即绿灯时间信号），而目标是得到信号灯的周期长度，或者说是它的频率。那么，一个很自然的想法就是将信号从时域变换到频域，常用的变换有 Z 变换、拉普拉斯变换和傅里叶变换。考虑到数据在时域是离散的，并且我们需要的频率是一个单一的值，因此本书选择利用快速傅里叶变换（FFT）来实现周期估计的目标。

本节采用 FFT 将有限时间内如图 3-1a）和图 3-1c）所示的方波信号变换为有限频域内的若干峰值，如图 3-1b）和图 3-1d）所示，其中基峰为频域图中横坐标频率最接近零的峰。根据信号领域的知识，基峰的频率对应于信号在时域的周期长度，因此，需要找到频率最接近于零的峰。由于在频域中的值也是离散的，我们可以通过比较每个值与它们的邻域来找到所有可能的峰，然后从可能的峰中选择那些在频域图中幅值相对较高的峰。此外，还可以在限定的较小范围内寻找峰。根据假设，信号配时的周期长度有自己的范围，在现实中可能是 60～300s。因此，只需要将搜索范围缩小到这一边界对应的频率，就可以有效地得到信号周期长度。

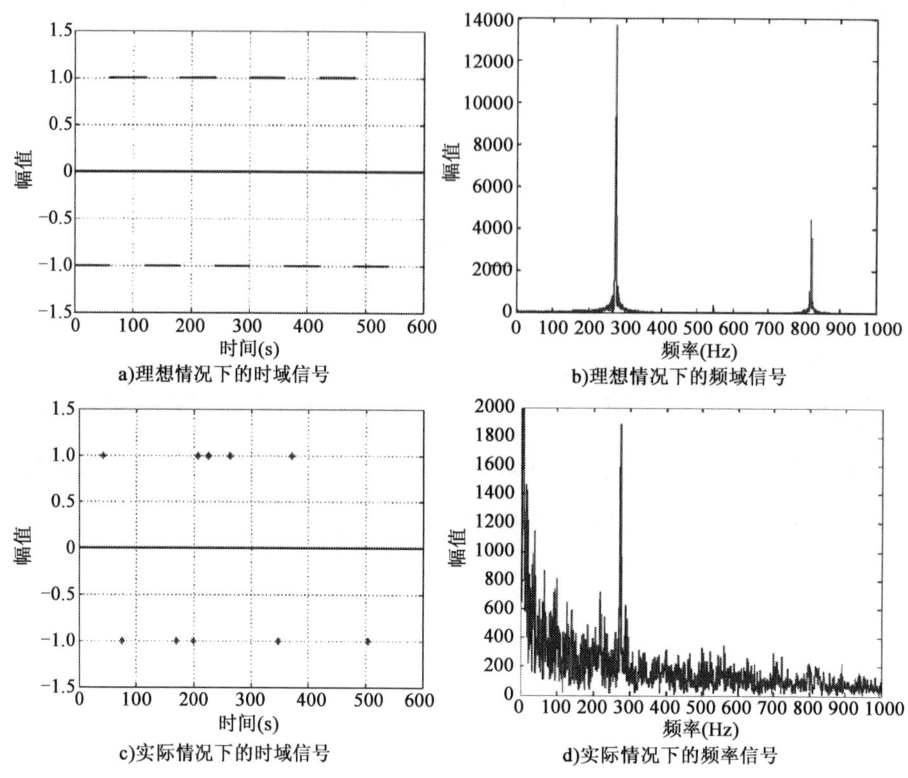

图 3-1 理想和实际情况下的 FFT

然而,由于现实中的交通需求会随时间变化,信号配时方案在不同时段往往不尽相同。例如,与午夜相比,早高峰时段的交通流量更大。现有的研究成果只能检测红灯相位的变化,而不能检测周期长度的变化。但对于本节提出的 FFT 方法,这种问题也同样可以得到解决。例如,在不知道共有多少个信号配时方案的条件下,如果我们想知道一个交叉口在一个时间范围内的周期长度,只需绘制其状态图,然后应用 FFT 就可以发现多个非整数倍的峰值,这些也就是对应于不同周期长度的频率。然后缩小每个平行日的时间区间，直到在频域中只存在一个峰值。这样做之后，我们知道这个周期长度对应的 GPS 数据覆盖的时间范围。其他的周期长度可以用类似的方法获得。例如，当某交叉口 6:00—12:00 时间段内的实际信号配时在 9:00 发生改变时，我们将在频域中发现两个峰值。然后，从尾部来缩短时间段，如将 6:00—12:00 时间段缩短为 6:00—11:00、6:00—10:00，第二个时间段的峰值会减小。当缩短到 6:00—9:00 时，峰值数便会减少为 1。因此，我们可以通过频域峰值检测的方法来发现周期长度的变化。

3.1.2　信号配时估计

在本节中，根据基于上述 FFT 方法估计的周期长度来估计交叉口所有不同行驶方向的绿灯的持续时间。用有序二元组 (i,j) 表示从交叉口进口到 i 到出口道 j 的方向。如图 3-2 所示，一个典型的十字路口有 8 个相互冲突的相位。

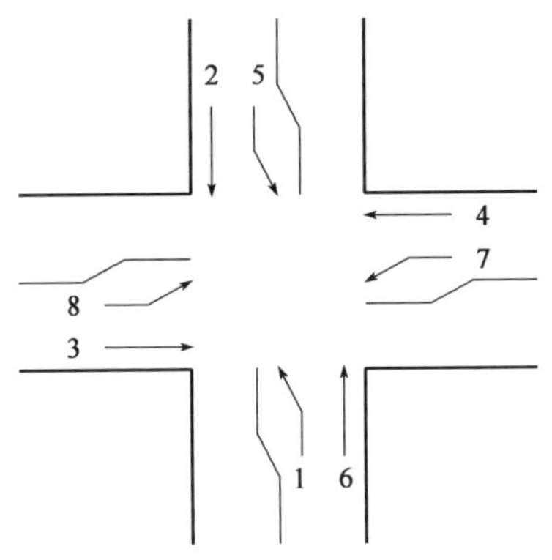

图 3-2　典型交叉口的 8 个相位

对于具有 S 个行驶方向的交叉口,用 θ_i 表示方向 i 的绿灯起始时间; φ_i 表示方向 i 的绿灯持续时间; t_k 表示 GPS 数据的采集时间 $k \in \{1,2,\cdots,N\}$,其中 N 是使用的 GPS 轨迹数据点总数; s_k 是 t_k 时刻 GPS 轨迹数据对应的真实信号状态,当该轨迹的速度大于等于停车速度阈值时, $s_k = 1$,即 t_k 处于绿灯时间内,反之,该轨迹的速度小于停车速度阈值时, $s_k = 0$,即 t_k 处于红灯时间内; $\widehat{s_k}$ 为 s_k 的估计值; ω_{ij} 是行驶方向 i 和 j 的冲突标识,当两者冲突时 $\omega_{ij} = 1$。建立以下混合整数规划模型:

$$\min_{\widehat{s_k}} \sum_{i=1}^{S} \sum_{k=1}^{N} (\widehat{s_k} - s_k)^2$$

$$\begin{cases}
-z_3 M_3 + \theta_i + (1-\widehat{s_k}) M_1 \leqslant t_k \leqslant \theta_i + \varphi_i + (1-\widehat{s_k}) M_1 + z_3 M_3 \\
t_k < \theta_i + \widehat{s_k} M_1 + z_1 M_2 + z_3 M_3 \\
t_k > \theta_i + \varphi_i - \widehat{s_k} M_1 - z_2 M_2 - z_3 M_3 \\
z_1 + z_2 = 1 \\
\theta_i + \varphi_i \leqslant 1 + z_3 M_3 \\
-z_6 M_3 - \widehat{s_k} M_1 + \theta_i + \varphi_i - 1 \leqslant t_k \leqslant \theta_i + \widehat{s_k} M_1 + z_6 M_3 \\
t_k \leqslant \theta_i + \varphi_i - 1 + (1-\widehat{s_k}) M_1 + z_4 M_2 + z_6 M_3 \\
t_k \geqslant \theta_i - (1-\widehat{s_k}) M_1 - z_5 M_2 - z_6 M_3 \\
z_4 + z_5 = 1 \\
\theta_i + \varphi_i \geqslant 1 - z_6 M_3 \\
z_3 + z_6 = 1 \\
\theta_i + \omega_{ij} \leqslant \theta_j, j \neq i
\end{cases}$$

其中 z 是决策变量, M 是规划问题中需要引入的极大值。该优化问题的所有约束条件共同控制某行驶方向的车辆在对应的绿灯时段内通过交叉口，以及冲突方向不具有交叉的绿灯相位（参考4.2节信号灯优化模型的约束条件）。由于当某一行驶方向的轨迹观测值超出该方向的绿灯持续时间时会产生误差 $\widehat{s_k} - s_k$，即真实信号状态与其估计状态的差异，因此目标函数是使绿灯观测值的总误差最小。最后通过求解该优化模型得到每个相位的绿灯时间及相应的交叉口信号配时方案。

3.2　信号配时估计案例

为了验证3.1节中提出的信号配时估计方法的准确性，本节基于北京2012年一个月的GPS轨迹数据，对一个真实的交叉口进行了实际案例验证，如图3-3所示。实际案例验证共有三个步骤：首先，对数据源进行简短描述；然后通过FFT来估算周期长度；最后，基于获得的周期长度求解BMILP模型得到完整信号配时。

3.2.1　数据描述

本案例中使用的GPS数据由中国最大的地图提供商AutoNavi提供，其中上报GPS数据的浮动车的实际渗透率为3%～5%，时空范围为中关村区域内早上7:00—11:00。如图3-3所示，将某天所有的GPS数据点按经度和纬度绘制出来，可以得到清晰的路网结构图。在一条GPS轨迹信息的所有字段中，我们最感兴趣的有CarID、日期、时间、经度、纬度和速度。本案例选择的交叉口是知春路与中关村大街的交叉口，用于与试验结果进行比较的真实值通过实地调查得到。

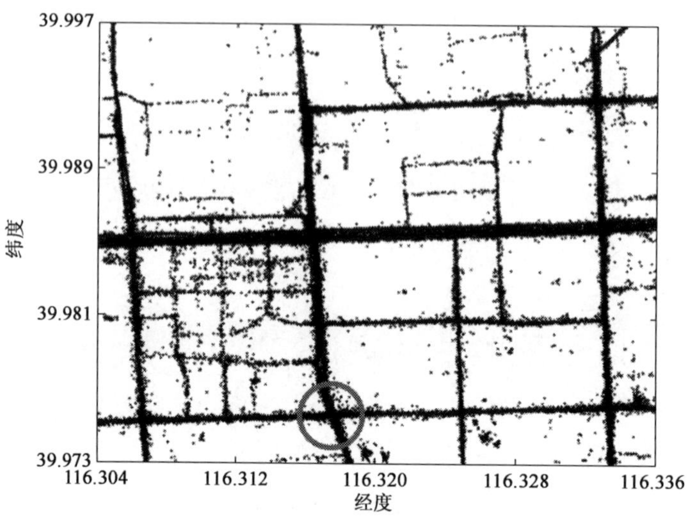

图 3-3　GPS 轨迹展现的路网结构

由于周末的信号配时可能会发生变化,因此交叉口 8 个不同行驶方向的数据输入都是每个月所有工作日叠加起来的交通流轨迹。为了对数据特征进行挖掘,我们选择了一个典型的非高峰时段(即 10:00—11:00)来统计这段时间内不同车辆 ID 的数量。如表 3-1 所示,从每个行驶方向的车辆数百分比可以看出,各个方向的交通流量都有差异。由北向东行驶的车辆数明显小于由南向北行驶的车辆数。这种行驶方向间的不平衡是该数据输入的一个特征。

交叉口所有行驶方向 10:00—11:00 的车辆数　　表 3-1

方向	EW	ES	NS	NE	SN	SW	WE	WN	总计
车辆数	247	88	340	148	189	161	183	43	1399
百分比(%)	17.66	6.29	24.30	10.58	13.51	11.51	13.08	3.07	100.00

注:E-东;W-西;S-南;N-北。

3.2.2　周期长度

进行 FFT 之前的第一步是计算所有可能的绿灯时间，将其作为绿灯时间的观察样本。基于前文中提到的事实，即当车辆通过停车线时信号灯应为绿色状态。根据 Long 的研究[33]，将汽车从停止加速的加速度设定为稳定值 $1.44\mathrm{m/s^2}$，基于车辆通过停车线后的第一个 GPS 轨迹点计算每辆车通过停车线的时间，从而得到一系列的通过时间作为绿灯时间的离散样本。

第二步则是进行绿灯时间的时域—频域变换，根据 FFT 的基本原理和我们问题的必要准确性，我们将 1s 的样本长度分成 $2^N(N=18)$ 部分，然后进行 FFT。图 3-4 中的 3 张子图是将通过绿灯时间样本从时域变换到频域的结果（知春路—中关村大街交叉口）。为了更好地将 FFT 的结果与周期长度的估计联系起来，通过 $T=\frac{2^N}{f}$ 将横轴转换为对应于频率的时间，其中 f 为基峰频率，T 为周期长度。图 3-4a）同时显示了两个周期长度 $T_1=210\mathrm{s}$、$T_2=240\mathrm{s}$，这是因为它是根据整个上午的数据生成的。正如前文所述，本书提出的周期长度估计方法可以很容易地通过二分法检测周期长度从高峰期间到非高峰期间的变化。在该案例中，周期长度在 7:00—9:00（高峰时段）和 9:00—11:00（非高峰时段）有所不同。图 3-4b）和图 3-4c）分别显示了这两个时段中特定周期长度（对应于频域中的频率）的幅值，并选择合理区间内幅值最大的周期长度（根据假设，周期长度只能是合理区间内的一个值）作为该时段的周期长度原始估计值。最终结果完全符合这个交叉口的周期长度在高峰时间为240s,而在非高峰时间变为210s的事实。周期长度估计的完整结果显示在表3-2中。将FFT的原始输出与观察到的真实值进行比较,误差小于0.2%。当我们将原始输出四舍五入为整数时,对周期长度的最终估计与观察到的周期长度完全匹配。

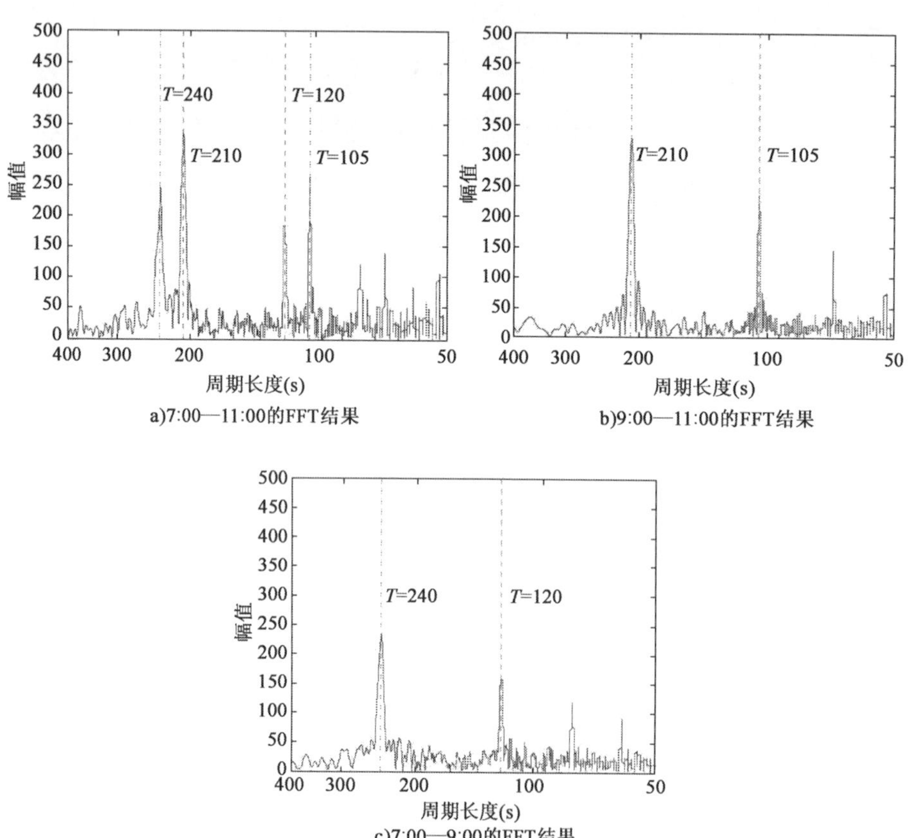

a)7:00—11:00的FFT结果

b)9:00—11:00的FFT结果

c)7:00—9:00的FFT结果

图3-4　交叉口周期长度估算结果

交叉口周期长度的估算值与实际值　　表3-2

时　段	实际值(s)	原始输出		最终结果	
		FFT(s)	误差(%)	取整(s)	误差(%)
7:00—9:00	240	240.28	0.12	240	0.00
9:00—11:00	210	209.88	0.06	210	0.00

3.2.3　信号配时

交叉口的信号配时估计结果依赖于对周期长度的准确估计。在得到路口不同时段的周期长度后，我们分别将7:00和9:00设置为时段7:00—9:00和9:00—11:00的开始时间，并基于周期长度(T)对时段中的所有通过时间进行修改，将在此期间的所有周期归一化成一个周期。整合一个月的数据后，得到如图3-5所示的8个直方图，其纵轴表示一个周期内每秒通过停车线的车辆数量，也直观展示了在9:00—11:00期间对交叉口的8个行驶方向的绿灯时间的估计。在一个周期内，当某个时间段有更多车辆通过停车线时，该时间段的信号灯状态更有可能为绿灯。基于这些直方图，我们不仅可以得到交叉口信号变换的时间表，还可以得到相位组合和相序。如图3-5所示，同一行中两个方向的直方图，如(NS,SN)或(NE,SW)，在同一周期内具有相同的绿灯相位，车辆同时通行。这也解释了为什么二者的直方图看起来具有相同的模式、相似的峰值位置和柱形跨度。值得注意的是，同一相位的行驶方向直方图的柱形高度可能有所不同，如图3-5e)和图3-5f)所示，这是由不同行驶方向的交通流量变化和不平衡引起的。直方图中也存在一些位于绿灯时间外高度为 1 或 2 的异常值，这可能是由违反交通规则等不合理的驾驶行为造成的，或者是由前文提到的时间 - 速度模型产生的误差造成的。

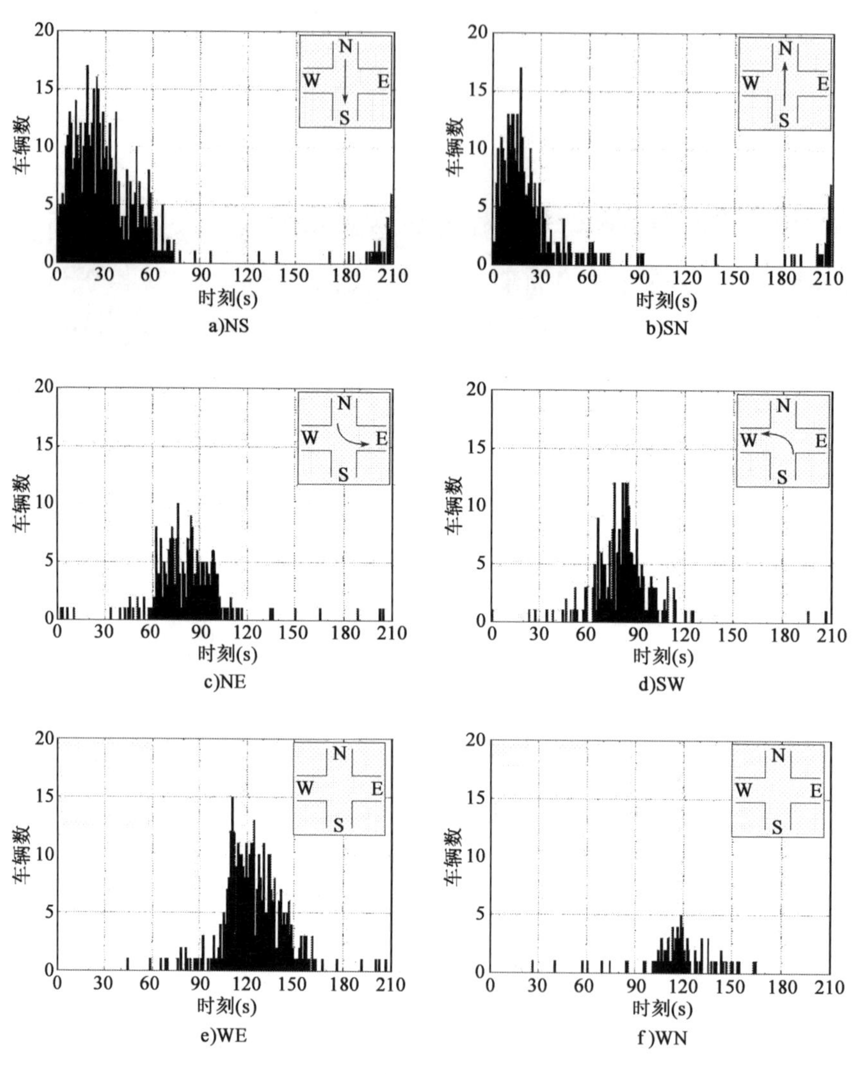

图 3-5

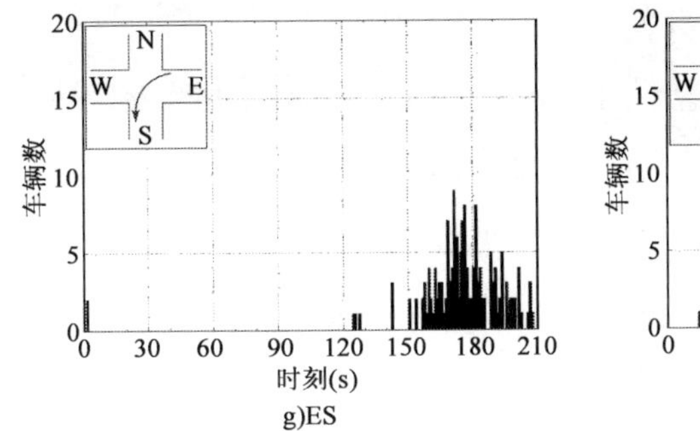

g)ES

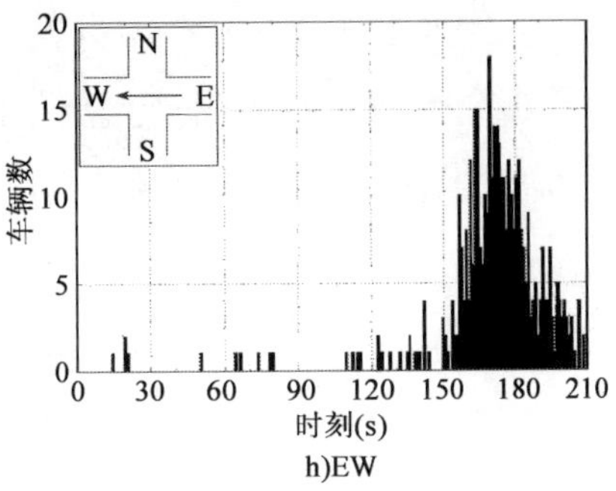

h)EW

图 3-5　交叉口八个行驶方向的绿灯时间估计

为了比较估计结果与观测事实,我们引入了一个名为“正确信号状态百分比(PSC)”的评价指标。所谓信号状态,是指如果我们把一个周期内每一秒的信号看作一个状态,这个状态不是绿色就是红色,那么一个周期内就有 T 个信号状态,其中 T 是以秒为单位的周期长度。因此,正确信号状态百分比被定义为一个周期中正确估计的状态数量的百分比。同时,还计算了绿灯开始时间(θ_e)、绿灯持续时间(φ_e)和绿灯结束时间(η_e)与真值之间的绝对误差。8 个方向上这些参数的估计可以重构该交叉的整个信号配时方案。

在前文中介绍的优化模型用于最小化周期内所有冲突相位的绿灯重叠时间,同时也给出了一个能最大限度地增加通过停车线的车辆数的信号配时方案。实际估算结果展示在表 3-3、表 3-4 的两个表格中。例如,表 3-3 中的第 2 列至第 4 列给出了 8 个行驶方向的 θ_o、φ_o、η_o 观测值;第 5 列到第 7 列给出了关于这 3 个参数的估计值;第 8 列到第 10 列是观测值和估计值之间的绝对误差;

最后一列是正确信号状态百分比。在每个表的最后一行,我们计算了8个行驶方向的平均绝对开始时间误差、持续时间误差、结束时间误差和正确信号状态百分比。平均来说,本方法对绿灯开始及结束时间的估计值和真实值之间的误差小于2.5s。

交叉口7:00—9:00的信号配时估算值、实际值和误差

($a_{acc}=1.44\text{m/s}^2, T=240\text{s}$) 表3-3

行驶方向	实际值(s)			估计值(s)			误差分析(s)			PCS(%)
	θ_o	φ_o	η_o	θ_c	φ_c	η_c	$\|\theta_o-\theta_c\|$	$\|\varphi_o-\varphi_c\|$	$\|\eta_o-\eta_c\|$	
EW	230	50	280	226	51	277	4	1	3	97.08
ES	230	50	280	230	47	277	0	3	3	98.75
NS	40	75	115	41	80	121	1	5	6	97.08
NE	115	55	170	114	56	170	1	1	0	99.58
SN	40	75	115	37	77	114	3	2	1	98.33
SW	115	55	170	121	49	170	6	6	0	97.50
WE	170	60	230	170	60	230	0	0	0	100.00
WN	170	60	230	170	56	226	0	4	4	98.33
平均值(s)	—			—			1.875	2.75	2.125	98.33

交叉口9:00—11:00的信号配时估算值、实际值和误差

($a_{acc}=1.44\text{m/s}^2, T=210\text{s}$) 表3-4

行驶方向	实际值(s)			估计值(s)			误差分析(s)			PCS(%)
	θ_o	φ_o	η_o	θ_c	φ_c	η_c	$\|\theta_o-\theta_c\|$	$\|\varphi_o-\varphi_c\|$	$\|\eta_o-\eta_c\|$	
EW	160	50	210	161	49	210	1	1	0	99.52
ES	160	50	210	163	47	210	3	3	0	98.57
NS	0	70	70	0	69	69	0	1	1	99.52
NE	70	40	110	65	46	111	5	6	1	97.14
SN	0	70	70	0	65	65	0	5	5	97.62

续上表

行驶方向	实际值(s)			估计值(s)			误差分析(s)			PCS(%)
	θ_o	φ_o	η_o	θ_c	φ_c	η_c	$\Vert\theta_o-\theta_c\Vert$	$\Vert\varphi_o-\varphi_c\Vert$	$\Vert\eta_o-\eta_c\Vert$	
SW	70	40	110	69	42	111	1	2	1	99.05
WE	110	50	160	111	52	163	1	2	3	98.10
WN	110	50	160	111	50	161	1	0	1	99.57
平均值(s)	—			—			1.5	2.5	1.5	98.57

最后,我们讨论了不同车辆加速度情况下的最终结果。正如在前文中已经提到的,对于一辆受红灯影响停车的汽车,它可能在通过停车线时正在加速或已经达到稳定的速度;而对于一辆在绿灯期间到达十字路口的汽车,它通过停车线时的速度等于它通过停车线后报告的第一个全球定位系统点的速度。然而,如表3-5所示,这些情况之间的差异微不足道。在表中,我们给出了9:00—11:00的交叉口的信号配时结果。交叉口最后一列的第一个百分比显示了当我们假设所有汽车在加速过程中以1.44m/s^{2}的加速度通过停车线时的正确状态百分比,而第二个百分比给出了在假设所有汽车在通过停车线之前已经达到稳定速度的情况下的结果。从结果可以看出,两种情况相差不到2%,因此可以不必再深入挖掘加速度值的选择。

交叉口在不同加速度假设下的正确信号状态百分比 表3-5

加速度(m/s^2)	$\Vert\theta_o-\theta_c\Vert$	$\Vert\varphi_o-\varphi_c\Vert$	PCS(%)
1.44	1.50	1.50	98.57
0.00	3.25	3.13	96.96

3.3 排队长度估计

城市道路上的交通流表现出固有的交通流行为，许多学者建立了数学模型对其进行描述，例如 Lighthill、Whitham 和 Richards 建立的交通流流体力学理论（Lighthill-Whitham-Richards，LWR）被公认为可以形象、准确描述交通流的运行特性，该理论将交通流比拟成一种流体，把车流密度的变化比拟成水波的起伏而抽象成车流波（冲击波），又被称为冲击波理论[34]。

基于冲击波理论，车辆在行驶过程中遇到红灯信号造成的排队现象，有一个冲击扩散过程，从车辆轨迹时空图来看，会形成一个三角形区域，该三角形区域的底为红灯时长，一条斜率较小的边为聚集波，另一条斜率较大的边为启动波。有许多学者冲击波的时空基于特征对交通流量进行估算。2009 年，刘向宏等通过识别信号相位变化与队列形成和消散过程中的交通状态关系来估计排队长度[35]。不足的是，该研究借助了检测器数据得到平均排队长度的分布。2017 年，郑剑锋等提出一种利用较低渗透率的网联车 GPS 轨迹数据估算交通流量的方法[36]。2018 年，Rostami 等提出一种数据驱动的城市信号交叉路口的实时交通状态估计方法[37]。该方法提出一种概率补偿的方法来弥补估计最大排队长度队尾位置与低渗透率相关的误差，使其在不同渗透率的网联车环境下具有更强的鲁棒性。然而，上述方法仅适用于能观测到网联车轨迹的信号周期的流量估计，在极低渗透率的情况下，未检测到网联车

轨迹的周期难以用以上方法估算交通量。

结合前人的经验,本节提出一种利用长期(历史)网联车 GPS 轨迹数据,基于交通波理论和数据融合方法估算排队长度信息,并进一步估计周期交通流量的方法。由于网联车的运动轨迹包含了排队长度信息,因此我们对网联车的运动轨迹进行还原,并计算每个信号周期的网联车的位置和速度。如果一个网联车的速度低于一个阈值 $v_{\min}$,则视为该网联车处于排队状态,如图 3-6 所示,其中,虚线表示的是非网联车的运动轨迹,实线表示的是网联车的运动轨迹。该信号周期内存在两辆网联车处于排队状态。

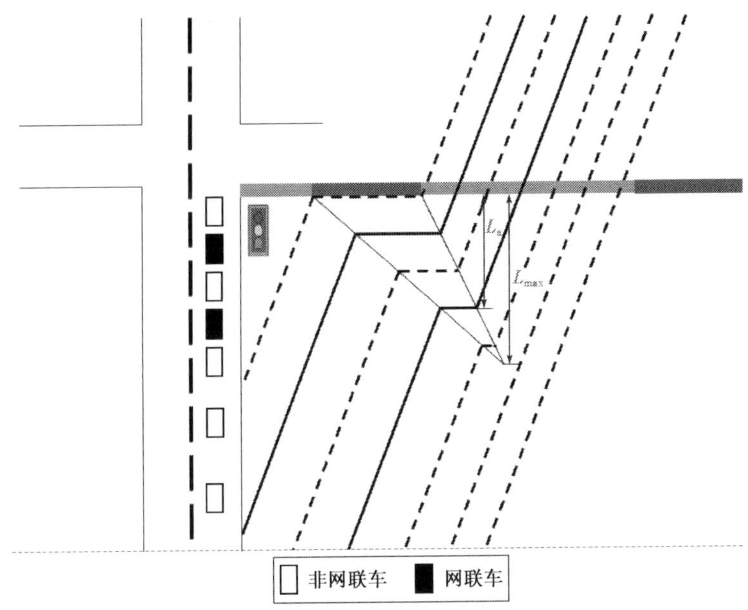

图 3-6　车辆轨迹时空图和排队情况

基于交叉口排队长度的先验交通量估计分为基础冲击波重构、冲击波重构纠偏和误差补偿三个步骤。

3.3.1 基础冲击波重构

如图 3-6 所示,单周期的排队长度可以由如下公式来计算:

$$L_q = L_a + \text{Error} \tag{3-1}$$

式中,L_a 是最后一辆停车 CV 的位置,Error 是基于最大排队长度 L_{max} 计算得到的概率补偿值。其中,L_a 可以从轨迹数据中直接获取,而 L_{max} 则需要根据轨迹数据和 CV 的排队状态估计,本节将单周期 CV 到达状况分为四种模式分别计算。

模式 1:仅观测到一辆停车 CV。

如图 3-7 所示,根据冲击波理论,最大排队长度应小于集结波和消散波交点所确定的排队长度。因此,使用如下两个线性方程来拟合图 3-2 中对应的集结波和消散波,y 代表到停车线的距离(上游为正,下游为负),t 代表某一时刻:

$$\begin{cases} y = W_q \cdot t - C_q \\ y = W_d \cdot t - C_d \end{cases} \tag{3-2}$$

其中,$W_q = \dfrac{L_a^0}{t_a^0 - t_r^s}$ 以及 $W_d = \dfrac{L_a^1}{t_a^1 - t_g^s}$ 分别是集结波和消散波的波速。相似地,$C_q = L_a^0 - W_q \cdot t_a^0$ 和 $C_d = L_a^1 - W_d \cdot t_a^1$ 是冲击波线性方程中对应的常数项。

在上述的公式中,t_r^s 和 t_g^s 分别是当前周期的红灯和绿灯起始时间,可以通过 3.1 节中所介绍的方法根据车辆轨迹数据估计得到;t_a^0 和 L_a^0 是该 CV 开始参与排队时的时间和到停车线的距离;t_a^1

和 L_a^1 是该 CV 启动时的时间和到停车线的距离。这里需要注意的是,由于已经处于排队状态的车辆仍然可能会以低于阈值的速度缓慢移动,因此 L_a^0 和 L_a^1 并不一定相等。

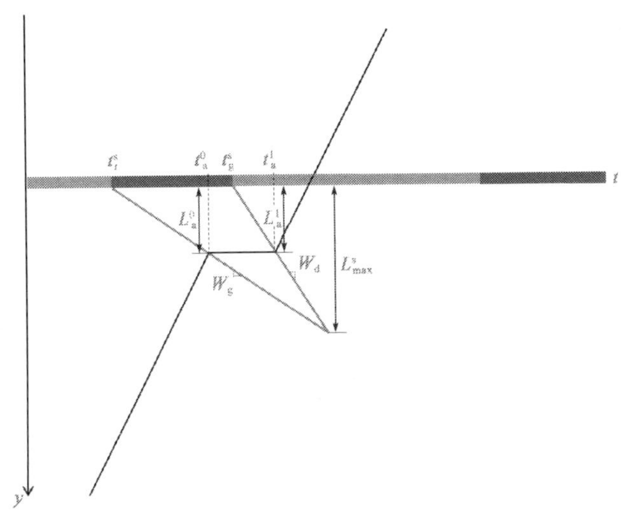

图 3-7　模式 1 的 CV 轨迹时空图

按照上述方法得到冲击波的线性方程后,可以通过解方程组的方法来求解得到停车 CV 确定的最大排队长度 L_{max}^s ,具体计算公式如下:

$$L_{max}^s = W_d \cdot \frac{C_d - C_q}{W_q - W_d} + C_d \tag{3-3}$$

对于模式 1 的 CV 到达情况, L_{max} 就等于基于停车 CV 轨迹确定的最大排队长度 L_{max}^s :

$$L_{max} = L_{max}^s \tag{3-4}$$

模式 2:仅观测到一辆停车 CV 和至少一辆未停车 CV。

如图 3-8 所示,最大排队长度应同时小于由停车 CV 确定的 L_{max}^{s} 以及由未停车 CV 确定的 L_{max}^{m} 。

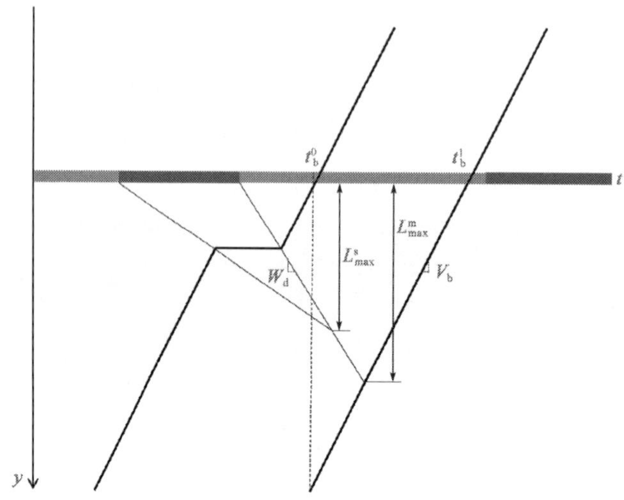

图 3-8　模式 2 的 CV 轨迹时空图

$$L_{max} = \min(L_{max}^{s}, L_{max}^{m}) \tag{3-5}$$

式中, L_{max}^{s} 的计算方法与模式 1 相同; L_{max}^{m} 则由如下公式来计算:

$$t_b^1 - t_g^s = \frac{L_{max}^{m}}{W_d} + \frac{L_{max}^{m}}{V_b} \Rightarrow L_{max}^{m} = \frac{t_b^1 - t_g^s}{\dfrac{1}{W_d} + \dfrac{1}{V_b}} \tag{3-6}$$

其中, W_d 是使用模式 1 中同样的方法计算得到的消散波波速; V_b 是未停车 CV 的自由流速度,计算公式如下:

$$V_b = \frac{L}{t_b^1 - t_b^0} \tag{3-7}$$

式中, L 是交叉口区域入口处到停车线的距离; t_b^0 是未停车

CV 进入交叉口区域时的时刻；t_{b}^{1} 是该 CV 通过停车线时的时刻。

模式 3：仅观测到两辆及以上停车 CV。

与模式 1 的方法相似，如图 3-9 所示，基于最后两辆停车 CV 的停车点和启动点可以完成冲击波的重构。具体来说，对于集结波可以得到 $W_{q}=\dfrac{L_{a,n}^{0}-L_{a,n-1}^{0}}{t_{a,n}^{0}-t_{a,n-1}^{0}}$ 以及 $C_{q}=L_{a,n}^{0}-W_{q}\cdot t_{a,n}^{0}$。同样，对于消散波可以得到 $W_{d}=\dfrac{L_{a,n}^{1}-L_{a,n-1}^{1}}{t_{a,n}^{1}-t_{a,n-1}^{1}}$ 以及 $C_{d}=L_{a,n}^{1}-W_{d}\cdot t_{a,n}^{1}$。

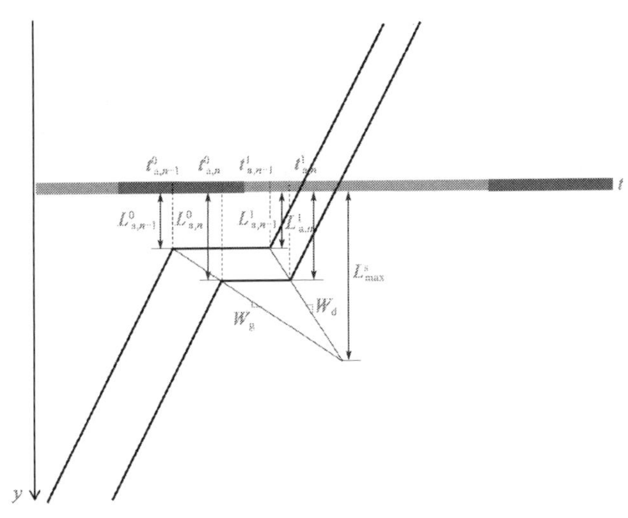

图 3-9　模式 3 的 CV 轨迹时空图

在上述的参数计算公式中，假如观测到的停车 CV 数量为 n，那么 $t_{a,n}^{0}$ 和 $L_{a,n}^{0}$ 就代表第 n 辆停车 CV 开始参与排队时的时刻和到停车线的距离，$t_{a,n}^{1}$ 和 $L_{a,n}^{1}$ 则代表第 n 辆停车 CV 启动时的时刻和到停车线的距离。

与模式 1 相同，在得到冲击波线性方程的参数后，可以通过解方程组的方式来求解得到停车 CV 确定的最大排队 L_{max}^{s}，具体计算公式如下：

$$L_{max} = L_{max}^{s} = W_{d} \cdot \frac{C_{d} - C_{q}}{W_{q} - W_{d}} + C_{d} \tag{3-8}$$

模式 4：观测到至少两辆停车 CV 和至少一辆未停车 CV。

与模式 3 相同，L_{max}^{s} 由基于最后两辆停车 CV 轨迹的冲击波重构结果来确定。但如图 3-10 所示，最大排队长度 L_{max} 同时还应小于由每一辆未停车 CV 所确定的 $L_{max}^{m^i}$，其中 m^i 表示第 i 辆未停车 CV：

$$L_{max} = \min(L_{max}^{s}, L_{max}^{m^i}, L_{max}^{m^i}, \cdots, L_{max}^{m^i}) \tag{3-9}$$

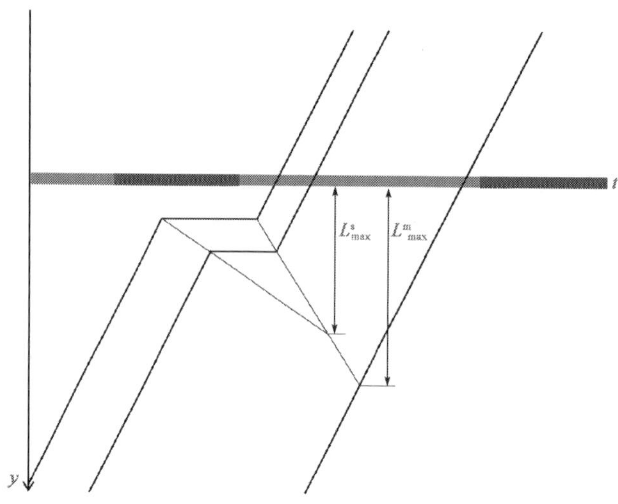

图 3-10　模式 4 的 CV 轨迹时空图

3.3.2　冲击波重构纠偏

值得注意的是，上一步得到的最大排队长度计算值受到最后一辆或两辆停车 CV 的位置影响较大。如果最后一辆停车 CV 距离停车线过近,那么一个很小的重构误差就会导致 L_{max} 的计算出现很大偏差。为了解决这一问题,本书基于贝叶斯推断方法对每种到达模式下基础冲击波重构中的波速进行纠偏。

由于交叉口处的交通流量在短时间内不会发生很大变化,因此邻近信号周期的冲击波波速也不会产生较大波动。并且,冲击波总是向上游传播的规律决定了其波速恒为正值。根据统计学方法,本书认为冲击波波速服从一个以 10 为底数的对数正态分布。

$$\lg W \sim \mathrm{Normal}(\mu,\sigma^2) \tag{3-10}$$

如图 3-11 所示,本书将前几个信号周期的历史数据作为先验信息来推断冲击波波速的后验分布。如果后验分布的均值与上一步计算得到的波速相当接近,就接受该冲击波波速作为实际波速;否则,将当前周期的数据加入先验信息中,并把新的后验分布均值作为冲击波波速的修正值。

假设贝叶斯推断所使用的观测数据集为 $W=(w_1,\cdots,w_n)$,那么对数正态分布参数的贝叶斯推断的先验集合应为 $D=(x_1,\cdots,x_n)$,其中 $x_i=\lg w_i$,根据贝叶斯推断原理,似然函数可以表示为:

$$\begin{aligned} p(D|\mu,\sigma^2) &= \prod_{i=1}^{n} p(x_i|\mu,\sigma^2) \\ &= (2\pi\sigma^2)^{-n/2}\exp\left[-\frac{1}{2\sigma^2}\sum_{i=1}^{n}(x_i-\mu)^2\right] \end{aligned} \tag{3-11}$$

向式(3-11)中引入经验均值 $\bar{x}=\frac{1}{n}\sum_{i=1}^{n}x_i$ 和方差 $s^2=\sum_{i=1}^{n}(x_i-\bar{x})^2$

可以得到：

$$p(D\mid\mu,\sigma^2)=\left(\frac{1}{2\pi}\right)^{n/2}\left(\frac{1}{\sigma^2}\right)^{n/2}\exp\left[-\frac{n}{2\sigma^2}(\bar{x}-\mu)^2\right]\exp\left(-\frac{ns^2}{2\sigma^2}\right)$$

(3-12)

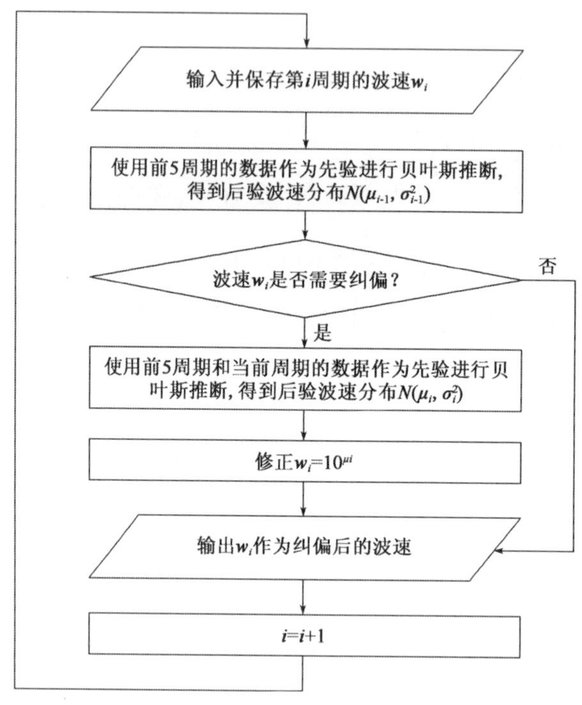

图 3-11　冲击波重构纠偏的流程图

由于 π 和σ^2 均为常数，因此似然函数可以简化如下的正态分布：

$$p(D\mid\mu)\propto\exp\left[-\frac{n}{2\sigma^2}(\bar{x}-\mu)^2\right]\propto N\left(\bar{x}\mid\mu,\frac{\sigma^2}{n}\right)\quad(3\text{-}13)$$

从而自然共轭先验可以表示如下：

$$p(\mu \mid \mu_0, \sigma_0^2) \propto \exp\left[-\frac{n}{2\sigma_0^2}(\mu - \mu_0)^2\right] \propto N(\mu \mid \mu_0, \sigma_0^2) \tag{3-14}$$

在上述公式中，σ_0^2 和 μ_0 为先验的方差和均值，σ^2 为已知的常数。

根据贝叶斯推断公式，后验概率与似然函数和先验概率（也即自然共轭先验）成正比，由此可以推导出后验分布的公式如下：

$$p(\mu \mid D) \propto p(D \mid \mu, \sigma) \cdot p(\mu \mid \mu_0, \sigma_0^2) \tag{3-15}$$

由于两个正态分布的乘积仍然为正态分布，因此通过简单的推导可以得到：

$$p(\mu|D) \propto \exp\left[-\frac{\mu^2}{2}\left(\frac{1}{\sigma_0^2} + \frac{n}{\sigma^2}\right) + \mu\left(\frac{\mu_0}{\sigma_0^2} + \frac{\sum_i x_i}{\sigma^2}\right) - \left(\frac{{\mu_0}^2}{2\sigma_0^2} + \frac{\sum_i {x_i}^2}{2\sigma^2}\right)\right]$$

$$\overset{\text{def}}{=} \cdot \exp\left[-\frac{1}{2\sigma_n^2}(\mu^2 - 2\mu\mu_n + \mu_n^2)\right] = \exp\left[-\frac{1}{2\sigma_n^2}(\mu - \mu_n)^2\right] \tag{3-16}$$

从而可以使用如下公式计算得到最终的正态分布参数值：

$$\sigma_n^2 = \frac{1}{\frac{n}{\sigma^2} + \frac{1}{\sigma_0^2}} \tag{3-17}$$

$$\mu_n = \sigma_n^2 \cdot \left(\frac{\mu_0}{\sigma_0^2} + \frac{n\bar{x}}{\sigma^2}\right) \tag{3-18}$$

通过上述式（3-11）～式（3-18），即可推断出第 1 周期至第 n 周期的波速分布 $N(\mu_n, \sigma_n^2)$ 。

上述内容是针对流程图中正态分布参数的贝叶斯推断步骤的

详细阐述,接下来是贝叶斯推断在冲击波重构纠偏中的实际应用。

如图 3-11 所示,为了确定第 i 周期根据基础冲击波重构得到的波速 w_i 是否需要纠偏,本书提出了一种假设检验方法。原假设(H_0)为检验统计量 w_i 是无偏估计;对立假设(H_a)为检验统计量 w_i 是有偏估计,因此需要纠偏。由于冲击波波速 w_i 既不会太大也不会太小,因此在这里使用具有两个临界值(或拒绝点)的双边检验(Two-tailed Test)。

由于交通流的连续性,决策规则如下:

$$\text{拒绝}H_0\text{,如果}\quad \begin{array}{c} \lg w_i > Z_{1-\frac{\alpha}{2}} \\ \text{或} \\ \lg w_i < Z_{\frac{\alpha}{2}} \end{array} \tag{3-19}$$

其中,$Z_{1-\frac{\alpha}{2}}$ 和 $Z_{\frac{\alpha}{2}}$ 分别为上下临界值,也是正态分布 $\lg w \sim N(\mu_{i-1},\sigma_{i-1}^2)$ 的上下 $\frac{\alpha}{2}$ 分位点。将前 5 周期的波速作为先验数据,令 $W = (w_{i-5},\cdots,w_{i-1})$,根据式(3-11)~式(3-18)可以计算得到 $N(\mu_{i-1},\sigma_{i-1}^2)$ 。

由于单周期的停车 CV 数量 N_{stopCV} 将导致基础冲击波重构结果具有不同的可信度,因此本书对假设检验的显著性水平 α 定义如下:

$$\begin{cases} \alpha = 0.1 & N_{\text{stopCV}} = 1 \\ \alpha = 0.05 & N_{\text{stopCV}} = 2 \\ \alpha = 0.01 & N_{\text{stopCV}} > 2 \end{cases} \tag{3-20}$$

上式表明，对于只有1个停车CV的周期，如果在基于历史数据得出的冲击波波速分布 $\lg w \sim N(\mu_{i-1}, \sigma_{i-1}^2)$ 的基础上观测到当前周期波速 w_i 的概率小于10%，即 H_0 在假设检验中被拒绝，认为 w_i 需要进行纠偏。对于存在2个停车CV的周期，相对更多的轨迹数据为基础冲击波重构结果提供了更高的可信度，因此当概率小于5%时，认为 w_i 需要纠偏。同样，除非在停车CV数大于2的情况下观测到冲击波速度 w_i 的概率小于1%，即在假设检验中拒绝 H_0，否则无须对 w_i 进行纠偏。

如图3-6所示，对于需要进行纠偏的周期，令 $W = (w_{i-5}, \cdots, w_i)$，加入当前周期的基础冲击波重构得到的波速数据后，同样根据式(3-11)～式(3-18)计算得到该时间段内冲击波波速服从的正态分布 $N(\mu_i, \sigma_i^2)$。这样，便可以得到一个综合了当前周期和邻近周期数据的波速分布函数，由于正态分布的期望值等于其参数 μ，因此更新 $w_i = 10^{\mu_i}$。对波速进行纠偏后，还需要将最后一辆停车CV对应的停车点或启动点带入式(3-2)从而确定更新后的冲击波常数项 C_i，完成冲击波重构的完整纠偏。

3.3.3　误差补偿

首先，对某一行驶方向的某一周期内检测到的所有CV轨迹数据进行分析，把最后一辆参与该周期排队的CV(也即距离停车线最远的停车CV)的停车点到停车线的距离作为交叉口排队长度的下限，记为 L_a。由于周期内检测到的最后一辆停车CV恰好是当前周期排队车辆中的最后一辆车的概率很低，而结合冲击波模型计算得到的 L_{max} 能够从一定程度上反映在最后一辆 CV 之后仍然参与排队的车辆数，因此可以预见在最后一辆停车 CV 确定的排队长度下限L_a、实际排队长度 L_{real} 和最大排队长度 L_{max} 三者中存在着一定的相关关系。为解决这一问题，本书提出一种基于泊松车辆到达的概率补偿模型，具体如下：

基于泊松车辆到达模型的排队长度概率补偿假设周期内车辆到达服从泊松分布，则概率补偿值可通过如下公式计算：

$$\text{Error} = \sum_{i=1}^{r=(L_{max}-L_a)/l_v} i \cdot l_v \cdot P[(i-1) \cdot k < X \leqslant i \cdot k] \quad (3\text{-}21)$$

其中，l_v 是平均车头时距，k 是对应行驶方向的车道数，$P[(i-1) \cdot k < X \leqslant i \cdot k]$ 也即误差为 $i \cdot l_v$ 的概率，对每种误差值及其出现概率进行求和后得到总的概率补偿值。考虑到车道数量的不同，每种误差的概率由以下公式计算：

$$P[(i-1) \cdot k < X \leqslant i \cdot k] = \sum_{x=(i-1) \cdot k+1}^{i \cdot k} P(X = x) \quad (3\text{-}22)$$

令 t_{max} 为最大排队长度到达 L_{max} 时的时刻，t_{cv} 为最后一辆 CV 停车的时刻，则可以得到轨迹数据缺失的时间 Δt 如下：

$$\Delta t = t_{max} - t_{cv} \quad (3\text{-}23)$$

因此，式(3-22)中的 $P(X = x)$ 是在 Δt 这段数据缺失的时间里到达 x 辆车的概率，其计算公式如下：

$$P(X = x) = \frac{(\lambda \cdot \Delta t)^x}{x!} \cdot e^{-\lambda \cdot \Delta t} \quad (3\text{-}24)$$

由于冲击波重构中使用了贝叶斯推断进行纠偏，对冲击波后段的拟合较好,从而也有效反映了红灯期间的到达率,所以上述公式中的泊松分布参数 λ 由估算的最大排队长度 L_{max} 和对应的时间 t_{max} 计算,具体公式如下:

$$\lambda = \left[\left(\frac{L_{max}}{L_v} - 1 \right) \cdot k + 1 \right] / t_{max} \tag{3-25}$$

最后,根据式 $L_q = L_a + \text{Error}$,计算出实际估算的排队长度。

3.4　交通流量估算

3.4.1　包含 CV 轨迹的周期交通流量估计

在排队长度估计的基础上,我们可以进行交通流量估计。采用的方法是基于轨迹数据反映的所有 CV 到达停车线的时间,利用核密度估计(KDE)方法[38]估计 CV 到达时间的概率密度函数 $f(t)$,并进一步计算周期交通流量。

KDE 能够平滑频率直方图,并对给定的样本产生连续的密度估计。CV 相对到达时间的概率密度函数为:

$$f(t) = \frac{1}{nh} \sum_{i=1}^{N} \phi \left(\frac{t - T_{r,i}}{h} \right) \tag{3-26}$$

式中, $\phi(x)$ 为高斯核; $T_{r,i}$ 为 CV 相对红灯起始点的到达时间; h 为平滑带宽,计算如下:

$$h = 1.06 \hat{\sigma} n^{-\frac{1}{5}} \tag{3-27}$$

其中, $\hat{\sigma}$ 为样本的标准差。

按照式(3-26)、式(3-27)计算得到概率密度函数 $f(t)$ 后,可以通过如下公式计算周期交通量:

$$Q = \frac{L_{\mathrm{q}}}{l_{\mathrm{v}}} \cdot \mathrm{Ratio} \tag{3-28}$$

式中,L_{q} 为估算排队长度;l_{v} 为平均车头距;Ratio 为整个周期交通到达量除以红灯时间交通到达量的积分,计算如下:

$$\mathrm{Ratio} = \frac{\int_0^C f(t)\,\mathrm{d}t}{\int_0^{T_{\mathrm{r}}} f(t)\,\mathrm{d}t} \tag{3-29}$$

其中,C 为周期长度;T_{r} 为红灯时长。

3.4.2 交通到达率估计

在上一节中,我们可以使用基于排队队列的方法推断每个周期的网联车的渗透率和周期交通量。但是,如果在一个周期内没有记录停车的网联车轨迹,则无法记录下网联车的排队信息,更无法使用基于队列的方法估算该周期的交通量。由于贝叶斯推断可以基于先验信息,计算后验分布,本章提出一种基于贝叶斯推断来估计周期交通到达率的方法。我们假设单位时间的交通到达率服从泊松分布,该分布的参数 λ 即表示在单位时间内交叉口交通流量的平均到达强度,基于该估算得的平均到达强度,就可以对交叉口的单位时间交通流量进行估计。因此,本节的重点是对泊松分布的参数 λ 进行估计。在贝叶斯推断中,我们基于上一节估算的周期交通流量,对周期交通量的平均到达强度进行估计,我们将 λ

作为一个分布而不是一个常数，将周期交通量的估计作为 λ 的先验信息，可以使用基于马尔可夫链蒙特卡罗（MCMC）方法的贝叶斯推断方法估计 λ 的分布，与传统的基于频率的估计方法相比，该方法具有两个优点：

(1)贝叶斯推断方法适用于小交通量样本，当样本量较小或观测交通量波动较大时，基于频率的估计会导致较大误差。

(2)利用交通量的先验信息可以推导出更好的 λ 估计，从而将 λ 估计改进为近似真实估计。

假设 Q 是以周期为单位的交通量，服从泊松分布：

$$Q \sim \text{Poisson}(\lambda) \tag{3-30}$$

假设 $P(\lambda)$ 是 λ 的先验分布，D 是观察值，则其后验分布如下：

$$P(\lambda \mid D) \propto P(D \mid \lambda) P(\lambda) \tag{3-31}$$

在贝叶斯推断方法中，观测数据 D 是记录了至少一个停车 CV 轨迹周期交通量的估计，即式(3-28)中计算的 Q。

λ 的先验分布被指定服从指数分布：

$$\lambda \sim \exp(\beta) \tag{3-32}$$

其中，β 是基于具有 CV 轨迹数据样本的周期估计交通量的平均值。

贝叶斯推断 MCMC 过程的迭代过程为以下步骤：

(1)设置周期到达率的初始值 $\lambda(0)$。

(2)从 $\lambda \sim \exp(\beta)$ 分布中得到一个新的 $\lambda(j)$ 。

(3)基于 Metropolis-Hastings 准则计算接受 $\lambda(j)$ 作为 λ 估计的概率。

(4)如果 $P(j)$ 大于 $P(j-1)$,则接受 $\lambda(j)$ 作为 λ 估计。否则保留 $\lambda(j-1)$ 作为 λ 的估计。

(5)返回第(2)步,重复第(2)步至第(4)步,直至得到 λ 足够的样本量。

上述步骤重复了预定义的迭代次数(例如 10000 次),结果 λ 的值在后面得到收敛。进一步计算收敛的均值和标准差,得到基于周期的交通到达率估计。最终,从 $Q \sim \text{Poisson}(\lambda)$ 分布中,可以获得无网联车轨迹周期的交通量,并可以转化成任何持续时间的交通量,如半小时或者小时交通量。

3.4.3 时间界限估计

按照交通流的分布规律,交通流在一天内的到达存在高峰和平峰时段,因此需要对不同交通到达率进行时间界限划分。以某一天为例,假设有 T 个周期需要考虑,并且有 M 个不同的交通量到达率。

$$\lambda = \begin{cases} \lambda_1 & t < \tau_1 \\ \lambda_2 & \tau_1 \leqslant t < \tau_2 \\ \cdots & \\ \lambda_M & t \geqslant \tau_{M-1} \end{cases} \tag{3-33}$$

与时间相关的泊松分布参数遵循相同的指数分布，该参数是具有 CV 轨迹数据的样本的基于周期的估计交通量的平均值，如式(3-34)所示：

$$
\begin{aligned}
&\lambda_1 \sim \exp(a)\\
&\lambda_2 \sim \exp(a)\\
&\cdots\\
&\lambda_M \sim \exp(a)
\end{aligned}
\tag{3-34}
$$

为了避免过多的时间边界先验信息，将时间边界设置为均匀分布，如下所示：

$$
\begin{aligned}
&\tau_1 \sim U(0, T-M+1)\\
&\tau_2 \sim U(\tau_1, T-M+2)\\
&\cdots\\
&\tau_{M-1} \sim U(\tau_{M-2}, T)
\end{aligned}
\tag{3-35}
$$

由于 3.4 节中对交通流量的估计是不连续的，特别是在 CV 渗透率较低的情况下，估计的交通量可能无法代表不同时间范围内交通量的变化。根据假设，实际交通量和 CV 交通量的不同到达率的时间边界是相同的，因此可以使用 CV 流量来估计时间边界，并指定该边界作为实际交通量时间边界的值。

以 CV 流量作为先验信息，根据式(3-33)～式(3-35)，运用 MCMC 过程建立贝叶斯推断模型，可以推导出 CV 流量的时间边界,从而得到实际交通量不同到达率的时间边界。

3.5 交通流量估计案例

本节对3.3、3.4节中提出的方法进行仿真验证。为了模拟实际交通流中的交通量变化情况,建立了一个如图3-12所示的交叉口及车辆到达模型,交叉口信号灯配时设置方案为:信号周期150s,左转和直行的绿灯时间均为50s。

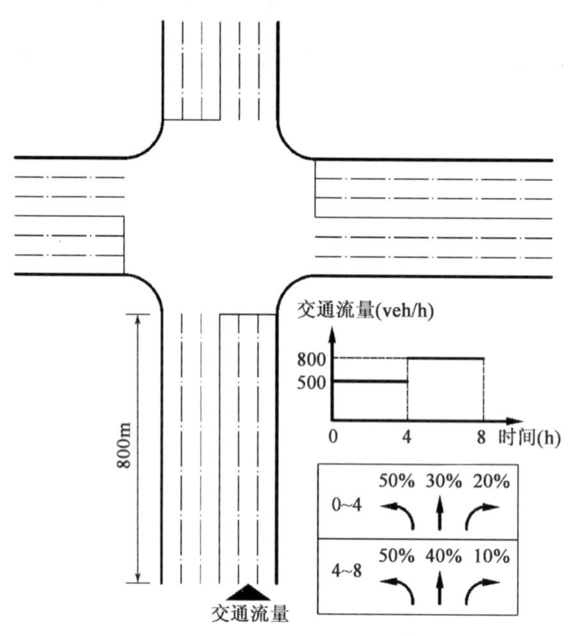

图3-12 交叉口及车辆到达模型

首先是基于周期CV流量对交通流量时间界限的识别,其中识别结果为第100个周期,对应的真实界限应为第96周期,如图3-13所示。

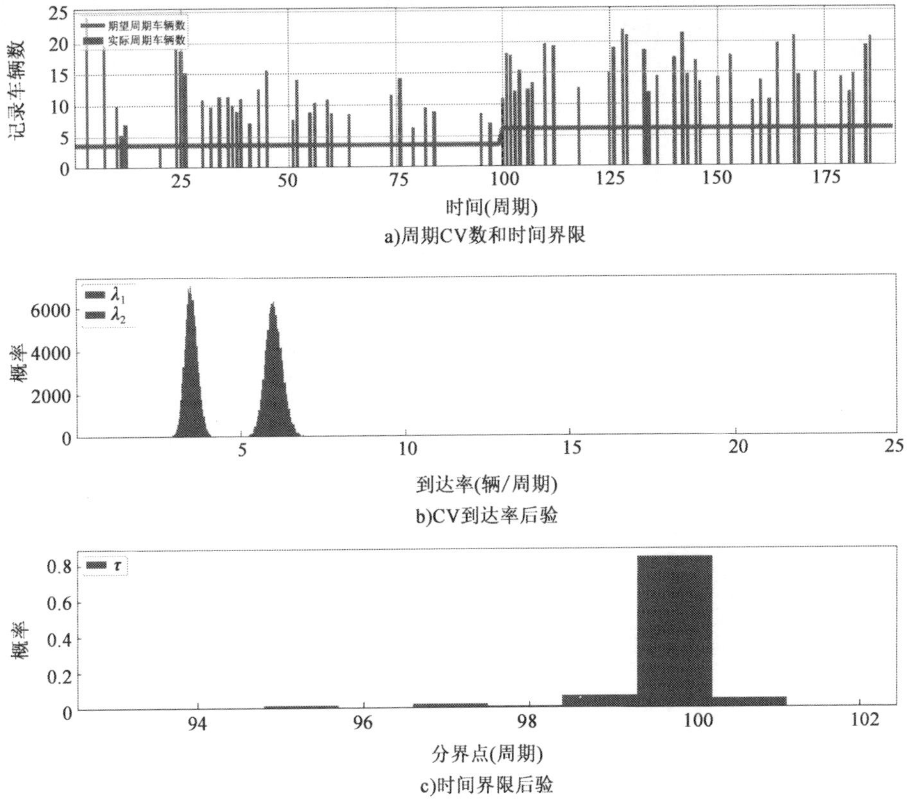

a)周期CV数和时间界限

b)CV到达率后验

c)时间界限后验

图3-13 时间界限识别

基于周期流量估算结果,通过10000次MCMC过程结合贝叶斯推断,得到对应两个流量阶段的交通流量λ的后验分布,如图3-14所示。

具体的流量估计结果如表3-6所示,可以看到使用该方法进行交通流量估算得到的平均绝对百分比误差低至5.5%。

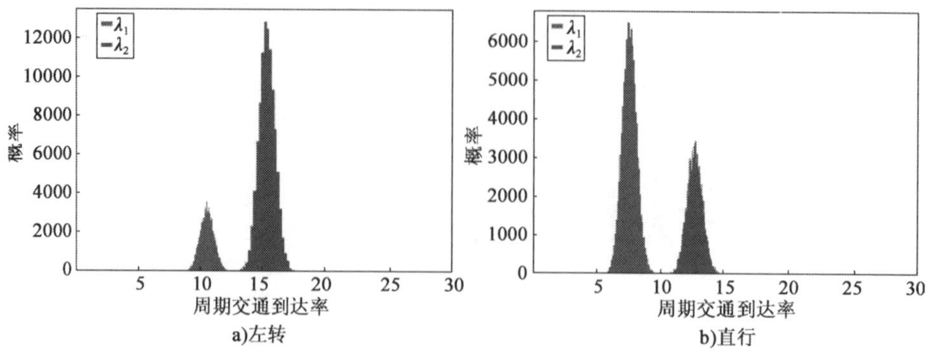

a)左转　　b)直行

图 3-14　两个阶段的交通流量 λ 的后验分布

渗透率 5%情况下的交通流到达情况估算　　表 3-6

流量阶段	行驶方向	λ^* (veh/周期)	λ (veh/周期)	绝对误差(%)
1	左转	10.6	11.4	7.3
2		15.4	17.8	13.6
1	直行	7.6	7.6	0.1
2		12.7	13.8	0.8
平均绝对误差(%)				5.5

同时,我们也衡量了对应的排队长度估算效果,该方法的平均绝对误差为15.93%(表3-7)。而交通流量估算误差相对更低的原因可能是由于贝叶斯推断消除了部分极端估算值的影响。

渗透率 5%情况下的交叉口排队长度估算　　表 3-7

流量阶段	行驶方向	估算平均排队长度(辆)	实际平均排队长度(辆)	平均误差(%)	平均绝对误差(%)
1	左转	8.4	8.9	-5.43	11.0
2		11.8	12.9	-7.1	14.52
1	直行	5.8	5.8	2.1	17.1
2		9.7	9.8	0.5	12.3

最后,基于周期交通流量和时间界限的估算结果,可以对没有CV轨迹的周期流量进行估算,并进一步得到10min、0.5h和1h交通流量,并使用MAPE(Mean Absolute Percentage Error)衡量模型估算值的拟合程度,结果如图3-15所示。

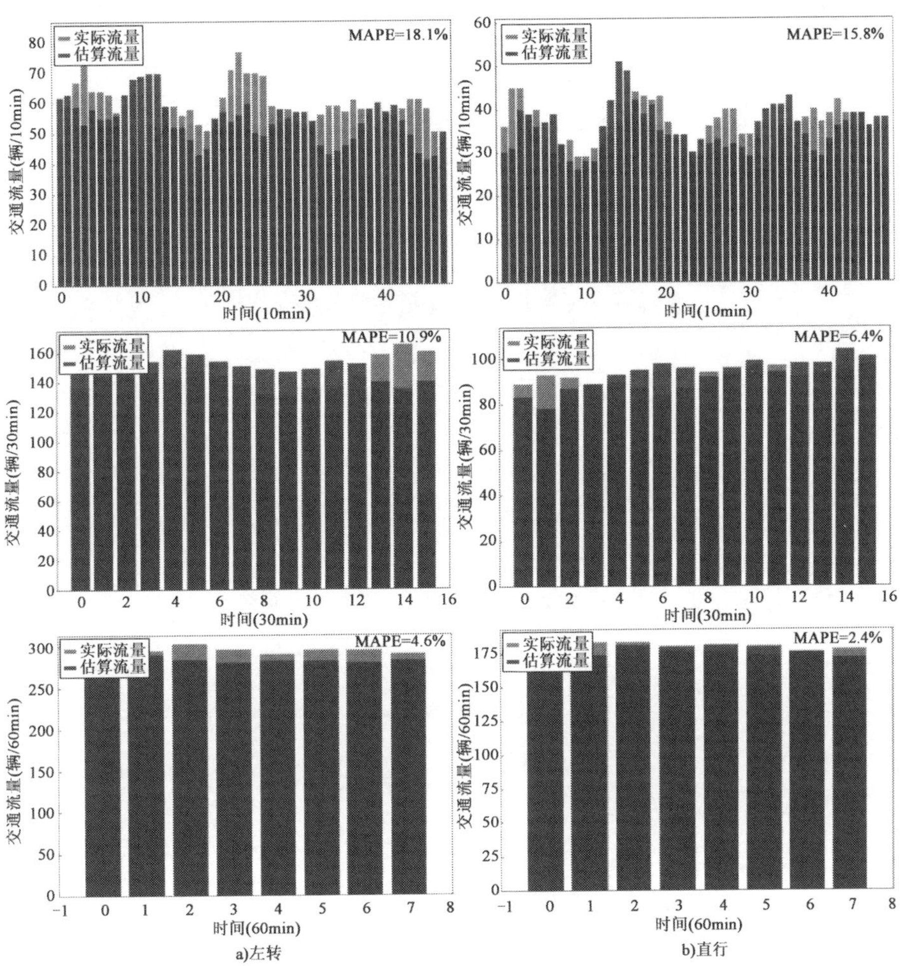

图3-15 渗透率5%情况下的流量估算结果

上述验证结果表明：①该方法对泊松到达率、时间界限、时段交通流量的估算均具有较强的鲁棒性；②该方法解决了稀疏轨迹对流量估算的影响，可以适用于低渗透路网环境。

我们将本书提出的模型与平均法进行了比较，平均法计算存在停车 CV 的周期的交通量的平均值作为周期交通流量。我们还利用 Zheng 和 Liu[39]的方法计算了交通流量。应用我们的方法得到的估计结果列于表 3-8 的第三列。模型的平均绝对误差为 5.5%，而平均方法的平均绝对误差为 14%。Zheng 和 Liu[39]的方法高估了交通到达率，误差为 17%。

渗透率 5%情况下的流量估算结果对比 表 3-8

流量阶段	行驶方向	λ^* (veh/周期)	平均法 (veh/周期)	Zheng 和 Liu[39]的方法 (veh/周期)	λ (veh/周期)
1	左转	10.6	12.8	13.6	11.4
2		15.4	15	19.7	17.7
1	直行	7.6	6	8.8	7.1
2		12.7	12	15.8	13.8
平均绝对误差(%)		5.5	14	16	—

3.6 本章小结

本章叙述了利用长期的网联车轨迹数据进行交通流量估算的过程和原理。通过四个步骤，可以全面推断每个交叉口的信号灯设置，各个进口道一天内的交通到达率和时间界限，并通过对长期数据的分析和处理,可以推断出每个交叉口不同时段交通流量的区间范围。本章假设了交通流量的到达率服从泊松分布,交通流是泊松流,对于交通流量到达率服从其他分布的情况,只需要更改式(3-24)及式(3-30)为相应的分布,再利用本章的方法对交通到达率进行估计。

第 4 章

单交叉口信号控制优化模型

在第 3 章利用网联车长期轨迹数据得到区域内单交叉口的交通到达率的基础上,本章主要描述单交叉口信号控制优化模型。首先基于元胞传输模型(Cell Transmission Model,CTM)将交叉口的路段离散化为一个个元胞,通过引入 0-1 变量将复杂的、非线性的单交叉口信号控制优化模型转化为二元混合整数线性规划问题(Binary Mix Integer Linear Program,BMILP)[40]。进而可以很灵活地通过分支定界法求解,获得单交叉口的最优车道设置、相位组合方式和相位顺序。单交叉口的 CTM 模型如图 4-1 所示。

CTM 是 Daganzo 等在 1994 年提出的城市道路中观仿真模型,可以在中观层面模拟车流的动态运行特性[42]。CTM 将路段划分成一个个小元胞,并以车辆行驶车速、道路通行能力等条件对每个元胞的车辆数、交通流量进行限制,通过构建元胞内车流密度和元胞间车流流率的动态循环方程,实现交通流在元胞之间运动的中观仿真。

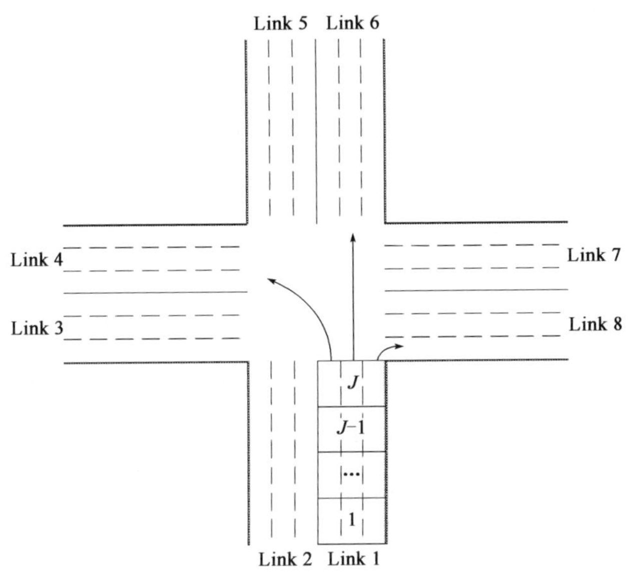

图4-1　单交叉口 CTM 模型示意图

如图4-1所示,以典型的包含四个进口道的交叉口为例,该交叉口包含四个进口道(Link 1、Link 3、Link 5、Link 7)和四个出口道(Link 2、Link 4、Link 6、Link 8)。假设每条进口道/出口道可以均匀划分为 J 个元胞。用 n 表示元胞内的车辆数,f 表示元胞间的车流率,下标 (i,j) 表示 Link$i$ 的第 j 个元胞,t 表示时刻,则根据元胞传输模型的递推公式,有如下等式:

$$n_{i,j}(t+1)=n_{i,j}(t)+f_{i,j}(t)-f_{i,j+1}(t) \tag{4-1}$$

式中,$n_{i,j}(t)$ 为 t 时刻第 i 条 Link 上的第 j 个元胞内的车辆数;$f_{i,j}(t)$ 为 t 时刻流入第 i 条 Link 上的第 j 个元胞的车辆数;$f_{i,j+1}(t)$

为 t 时刻离开第 i 条 Link 上的第 j 个元胞的车辆数。

流入第 i 条 Link 上的第 j 个元胞[元胞 (i,j)]的车辆数 f 用式(4-2)计算：

$$f_{i,j}(t)=\min\left\{n_{i,j-1}(t),Q_{i,j}(t),\frac{w}{v}\left[N_{i,j}(t)-n_{i,j}(t)\right]\right\} \tag{4-2}$$

式中，$Q_{i,j}(t)$ 为 t 时刻第 i 条 Link 上的第 j 个元胞上的最大流入车辆数，即元胞 (i,j) 的通行能力；$\frac{w}{v}[N_{i,j}(t)-n_{i,j}(t)]$ 表示第 i 条 Link 上的第 j 个元胞所能容纳的最大车辆数。式(4-2)的含义为某一个时刻(此处为第 t 时刻)流入第 i 条 Link 上的第 j 个元胞的车辆数为以下三个值中的最小值：上游元胞的待驶出车辆、元胞的通行能力、此元胞的最大车辆承载量。

4.1 目标函数

延误时间是衡量交叉口通行效率的重要参数之一，在交叉口配时计算中，通常选用交叉口的延误时间来对通行效率进行评价，因此在本优化模型中，采用交叉口进口车道的总延误最小为优化模型的目标函数。

结合交叉口的 CTM，在模型中每个时间间隔内，当路段因为排队或拥堵导致某一元胞内的待通行车辆 $n(t)$ 未流入下游元胞中时，说明这些车辆相比其在自由流状态进入下一元胞产生了一个时间间隔的延误。那么，交叉口内所有进口车道上的每一个元胞在每一个时间间隔产生延误的总和，即为该交叉口区域的总延误时长。

目标函数最小可用式(4-3)表示：

$$\min \sum_{i\in\psi}\sum_{j=1}^{J}\sum_{t=1}^{T} n_{i,j}(t) - f_{i,j+1}(t) \tag{4-3}$$

4.2　约束条件

使用 CTM 对交叉口进行仿真,需要考虑的不仅是车流在路段上的动态变化特性,还需要对车辆在交叉口处受到信号灯的控制进行仿真,因此会产生交通流量约束、冲突相位约束、绿灯开始时间约束、绿灯持续时间约束以及车道转向约束等。

1)输入参数与各类型变量

由于本部分涉及的公式众多,表 4-1 列出了模型中全部输入参数,表 4-2 和表 4-3 为 0-1 决策变量,表 4-4 为连续型决策变量。

优化模型输入参量　　表 4-1

参数符号	参数含义	参数符号	参数含义
T	仿真时间	v	自由流速度
t	时间计数单元	$\alpha_{i,i'}$	由 Link i 到 Link i'转向的转向比例
$clock$	时间间隔	C	信号周期长度
M	任意大正常量	g	最小绿灯时长
ψ_a	进口 Link 集合	s_i	Link i 上的车道饱和流率
ψ_e	出口 Link 集合	$\tau_{i,i'}$	由 Link i 到 Link i'转向行为的转换因子
ψ	所有 Link 集合	$P_{i,k}$	Link i 上第 k 车道上最大饱和接受度
$N_{i,j}$	元胞(i,j)的最大承载车辆数	K_i	Link i 上最大车道数
PQ	元胞(i,j)的容量	$\bar{\omega}$	冲突相位之间的黄灯时间
w	拥堵波速	$tran_{i,i'}$	转向行为(1 代表左转,2 代表直行,3 代表右转)

优化模型 0-1 决策变量(一) 表 4-2

变量	含义
$\Delta_{i,i',k}$	车道 k 上,转向行为(i,i')被允许时值为 1,反之为 0
$\Omega_{i,i',l,m}$	转向行为(i,i')先于转向行为(l,m)发生时值为 0,反之为 1
$y_{i,i'}(t)$	转向行为(i,i')处于绿灯时值为 1,反之为 0
$z1_{i,i'}(t)$	元胞运输约束中表示选择关系的 0-1 变量
$z2_{i,i'}(t)$	元胞运输约束中表示选择关系的 0-1 变量

优化模型 0-1 决策变量(二) 表 4-3

变量	含义
$z3_{i,i'}(t)$	绿灯持续时间约束中表示选择关系的 0-1 变量
$z4_{i,i'}(t)$	绿灯持续时间约束中表示选择关系的 0-1 变量
$zs_{i,i'}(t)$	绿灯状态约束中表示“或”关系的 0-1 变量
$zs1_{i,i'}(t)$	表示红灯状态“或”关系的 0-1 变量
$zs2_{i,i'}(t)$	表示绿灯状态“或”关系的 0-1 变量

注:转向行为(i,i')的含义为交叉口转向由进口 Link i 转向到出口 Link i'。

优化模型连续型决策变量 表 4-4

变量	含义
$n_{i,j}(t)$	元胞(i,j)在 t 时刻的车辆数
$f_{i,j+1}(t)$	t 时刻离开元胞(i,j)的流量
$Q_{i,i'}(t)$	t 时刻由 Link i 到 Link i'的交通流量需求
$q_{i,i',k}(t)$	t 时刻 k 车道上由 Link i 到 Link i'的交通流量需求
$QI_{i,i'}(t)$	t 时刻转向行为(i,i')的最大流量
$fI_{i,i'}(t)$	t 时刻由 Link i 到 Link i'的传输流量

续上表

变量	含　　义
$\theta_{i,i'}$	进口 Link i 上转向行为(i,i')的绿灯开始时间 (实际绿灯开始时间/周期)
$\varphi_{i,i'}$	进口 Link i 上转向行为(i,i')的绿灯持续时间 (实际绿灯持续时间/周期)

注:元胞(i,j)的含义为第 i 条 Link 上的第 j 个元胞。

2)路段交通流量约束

在已经构建的单交叉口元胞传输模型中,可用式(4-1)和式(4-2)表示对交通流的模拟。为了将这两个公式线性化,引入二元变量 $z1$、$z2$ 和无穷大值 M 来构建约束,以实现 CTM 对交通流的动态模拟[式(4-4)~式(4-9)]。

$$f_{i,j+1}(t) \leqslant n_{i,j}(t) \tag{4-4}$$

$$f_{i,j+1}(t) \leqslant PQ \tag{4-5}$$

$$f_{i,j+1}(t) \leqslant \frac{w}{v}[N - n_{i,j+1}(t)] \tag{4-6}$$

$$f_{i,j+1}(t) \geqslant n_{i,j}(t) - z1M \tag{4-7}$$

$$f_{i,j+1}(t) \geqslant PQ - z2M \tag{4-8}$$

$$f_{i,j+1}(t) \geqslant \frac{w}{v}[N - n_{i,j+1}(t)] - (2 - z1 - z2)M \tag{4-9}$$

$$\forall i \in \boldsymbol{\psi}_{\mathrm{a}}, j = 0,1,\cdots,J-1, t = 1,2,\cdots,T$$

以上约束不等式中,不等式(4-4)~不等式(4-6)使由第一个元胞到第 $J-1$ 个元胞的离开流量小于或等于

$\left\{n_{i,j}(t),PQ,\frac{w}{v}[N-n_{i,j+1}(t)]\right\}$中的每一项，不等式(4-7)～不等式(4-9)中的0-1变量值 $z1$ 和 $z2$ 则确保了流出的流量取得$\left\{n_{i,j}(t),PQ,\frac{w}{v}[N-n_{i,j+1}(t)]\right\}$中的最小值。

例如，当 $z1=z2=1$ 时，不等式(4-7)和不等式(4-8)变化为以下新的不等式，不等式恒成立。

$$f_{i,j+1}(t)\geqslant n_{i,j}(t)-M \tag{4-10}$$

$$f_{i,j+1}(t)\geqslant PQ-M \tag{4-11}$$

不等式(4-9)变化为式(4-12)：

$$f_{i,j+1}(t)\geqslant\frac{w}{v}[N-n_{i,j+1}(t)] \tag{4-12}$$

由不等式(4-12)与不等式(4-6)可以推得：

$$f_{i,j+1}(t)=\frac{w}{v}[N-n_{i,j+1}(t)] \tag{4-13}$$

由此，通过对二值变量 $z1$ 和 $z2$ 的引入，将元胞传输模型的运行条件线性化，极大地方便了优化求解。

3)绿灯开始时间约束

对于交叉口的信号灯控制，同样引入0-1变量来表示。信号灯对于交叉口交通流的管理与控制就如同水龙头的阀门，阀门开的时候，水流经过，阀门关的时候，水流停止。对于单个车道而言，其通行状态取决于当前车道信号灯状态是否为绿灯，是绿灯则通行，不是绿灯则车辆停止并产生排队。因此，引入0-1变量表示信号灯是否为绿灯。

与传统的NEMA信号灯双环控制方法不同，本节提出的信号灯控制松弛了信号灯绿灯时间的组合方式，基于冲突交通流分隔开的原则进行交通流绿灯时间的分配，即两个交通流向只要冲突，则二者的绿灯时间必须分隔开，若两个（或以上）交通流的绿灯开始时间和持续时间重合，该绿灯时间即为一个相位。

本节提出的信号灯优化模型存在如图4-2所示的两种情况：第一种情况为绿灯开始和结束的时间在一个信号周期内，即$0 \leqslant \theta_{i,i'} < 1, \theta_{i,i'} + \varphi_{i,i'} \leqslant 1$；第二种情况为绿灯开始时间在一个周期，绿灯结束时间在下一个周期，即$0 \leqslant \theta_{i,i'} < 1, \theta_{i,i'} + \varphi_{i,i'} > 1$。通过引入0-1变量$zs$来表征两种情况，如图4-2所示。当$zs = 0$时，为图4-2a)情况，即绿灯时间开始和绿灯时间结束在同一信号周期；当$zs = 1$时，为图4-2b)情况，即绿灯开始时间与绿灯结束时间不在同一个信号周期。

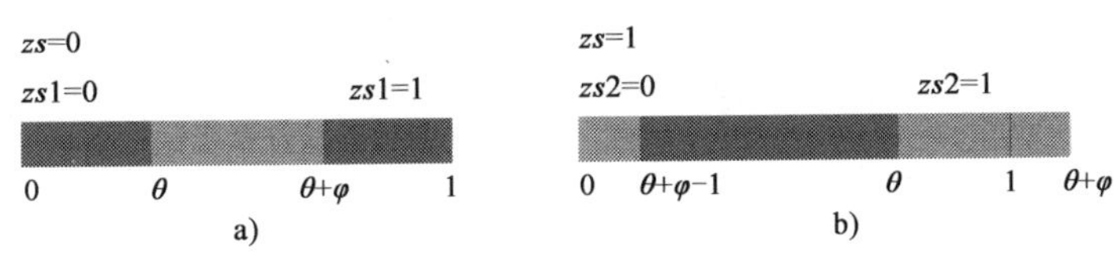

图4-2　信号绿灯显示的两种情况

（1）情形一（$zs = 0$）

通过设置不等式（4-14）的约束条件，使得$zs = 0$时对应绿灯结束时间与绿灯开始时间在同一周期。

$$\theta_{i,i'} + \varphi_{i,i'} \leqslant 1 + zs_{i,i'} M \tag{4-14}$$

由于在该情形的信号周期中，有两段红灯亮的时间，继续引入0-1变量$zs1$来表示所处的红灯状态。如图4-2所示，当$zs1 = 0$时，表示处于该信号周期中的开始红灯状态，即 $0 \leqslant t \leqslant C\theta_{i,i'}$；当 $zs1=1$ 时，表示处于该信号周期中的第二段红灯状态，即 $(\theta_{i,i'}+\varphi_{i,i'})C \leqslant t \leqslant C$。

由此，可以通过以下两个不等式[式(4-15)、式(4-16)]实现。当0-1 变量 $y=1$ 时，当前时刻的转向行为处于绿灯，即可以转向(或通行)；当 $y=0$ 时，当前时刻转向行为处于红灯，即禁止转向(或通行)。

$$-zsM-(1-y)M+C\theta \leqslant t \leqslant C(\theta+\varphi)+(1-y)M+zsM \tag{4-15}$$

$$C(\theta+\varphi)-yM-zsM-(1-zs1M)<t<C\theta+y(t)M+zsM+zs1M \tag{4-16}$$

例如，当 $zs=zs1=0$ 时，以上两个不等式变换为：

$$-(1-y)M+C\theta \leqslant t \leqslant C(\theta+\varphi)+(1-y)M \tag{4-17}$$

$$C(\theta+\varphi)-yM-1<t<C\theta+yM \tag{4-18}$$

则可以得到：

$$y=1 \Leftrightarrow C\theta \leqslant t \leqslant C(\theta+\varphi) \tag{4-19}$$

$$y=0 \Leftrightarrow t<C\theta \tag{4-20}$$

同理，当 $zs=0$，$zs1=1$ 时，不等式(4-16)的右侧不等式失效，而左侧不等式成立，由式(4-16)可推出 $(\theta_{i,i'}+\varphi_{i,i'})C \leqslant t \leqslant C$。

因此，基于两个0-1 变量 zs 和 $zs1$ 取不同的值的组合，不等式(4-15)及不等式(4-16)可以得到以下结果，从而实现对于信号绿灯持续时间的管理。

$$y=\begin{cases}1 & C\theta \leqslant t \leqslant C(\theta+\varphi) \\ 0 & 0<t<C\theta \\ 0 & C(\theta+\varphi)<t<C\end{cases} \tag{4-21}$$

(2)情形二($zs=1$)

通过设置不等式(4-22)的约束条件,使得 $zs=0$ 时对应绿灯结束时间与绿灯开始时间在同一周期。

$$\theta+\varphi \geqslant 1-(1-zs)M \tag{4-22}$$

以下两个不等式[式(4-23)、式(4-24)]约束用来实现0-1变量 y 对当前信号状态的控制。当 $y=1$ 时,转向处于绿灯状态;当 $y=0$时,转向处于红灯状态。

$$C(\theta+\varphi-1)-yM-(1-zs)M<t<C\theta+yM+(1-zs)M \tag{4-23}$$

$$C\theta-(1-zs)M-(1-y)M-(1-zs2)M \leqslant t \leqslant C(\theta+\varphi-1)+(1-y)M+(1-zs)M+zs2M \tag{4-24}$$

例如,当 $zs=1$,$zs2=0$ 时,以上两个不等式变化为:

$$C(\theta+\varphi-1)-yM<t<C\theta+yM \tag{4-25}$$

$$C\theta-(1-y)M-M \leqslant t \leqslant C(\theta+\varphi-1)+(1-y)M \tag{4-26}$$

则可以得到:

$$y=0 \Leftrightarrow C(\theta+\varphi-1)<t<C\theta \tag{4-27}$$

$$y=1 \Leftrightarrow t \leqslant C(\theta+\varphi-1) \tag{4-28}$$

当 $zs=zs2=1$ 时,不等式(4-24)变化为:

$$C\theta-(1-y)M \leqslant t \leqslant C(\theta+\varphi-1)+(1-y)M+M \tag{4-29}$$

则可以得到:

$$y = 1 \Leftrightarrow t \geqslant C\theta \tag{4-30}$$

因此,基于两个0-1变量 zs 和 $zs2$ 取不同的值的组合,不等式(4-23)及不等式(4-24)可以得到以下结果:

$$y = \begin{cases} 0 & C(\theta + \varphi - 1) < t < C(\theta + \varphi) \\ 1 & 0 \leqslant t \leqslant C\theta \\ 1 & C\theta \leqslant t \leqslant C \end{cases} \tag{4-31}$$

4)冲突信号相位约束

在优化算法中对相位顺序的确定是基于0-1变量 $\Omega_{i,i',l,m}$ 的。在交叉口中,如果两个转向行为存在冲突,如一个方向直行通过交叉口与对向车道左转通过交叉口的转向行为存在冲突,则两个转向行为不可同时设置在同一信号相位组中,且两相位之间设置黄灯时间,避免在优化结果中出现冲突相位重合的现象。

对于两个冲突转向行为(i,i')和(l,m),若0-1变量 $\Omega_{i,i',l,m}$ 值为0,则表示转向行为(i,i')在(l,m)之前;若0-1变量 $\Omega_{i,i',l,m}$ 值为1,则表示转向行为(l,m)在(i,i')之前,通过以下两个不等式[式(4-32)、式(4-33)]进行约束。

$$\Omega_{i,i',l,m} + \Omega_{l,m,i,i'} = 1 \tag{4-32}$$

$$\theta_{i,i'} + \varphi_{i,i'} \leqslant \Omega_{i,i',l,m} \cdot M + \theta_{l,m} + \omega_{i,i',l,m} + (2 - \Delta_{i,i',k_1} - \Delta_{l,m,k_2}) \tag{4-33}$$

$\forall i \in \boldsymbol{\psi}_{\mathrm{a}}, l \in \boldsymbol{\psi}_{\mathrm{a}}, i' \in \boldsymbol{\psi}_{\mathrm{e}}, m \in \boldsymbol{\psi}_{\mathrm{e}}, k_1 = 1,2,\cdots,K, k_2 = 1,2,\cdots,K, M$ 为任意大的一个正数

5)绿灯时间约束

对绿灯的开始时间和持续时间的约束如式(4-34)、式(4-35)所示:

$$0 \leqslant \theta_{i,i'} \leqslant 1 \tag{4-34}$$

$$\frac{g}{C} \leqslant \varphi_{i,i'} \leqslant 1 \tag{4-35}$$

$$\forall i \in \boldsymbol{\psi}_{\mathbf{a}}, i' \in \boldsymbol{\psi}_{\mathbf{a}}$$

对路口元胞的输出流量$fI_{i,i'}(t)$的约束类似于对$f_{i,j+1}(t)$的约束,可得约束式(4-36)~式(4-41):

$$fI_{i,i'}(t) \leqslant Q_{i,i'}(t) \tag{4-36}$$

$$fI_{i,i'}(t) \leqslant QI_{i,i'}(t) \tag{4-37}$$

$$fI_{i,i'}(t) \leqslant \frac{w}{v}[N - n_{i',l}(t)] \tag{4-38}$$

$$fI_{i,i'}(t) \geqslant Q_{i,i'}(t) - z3M \tag{4-39}$$

$$fI_{i,i'}(t) \leqslant QI_{i,i'}(t) - z4M \tag{4-40}$$

$$fI_{i,i'}(t) \geqslant \frac{w}{v}[N - n_{i',l}(t)] - (2 - z3 - z4)M \tag{4-41}$$

$$\forall i \in \boldsymbol{\psi}_{\mathbf{a}}, i' \in \boldsymbol{\psi}_{\mathbf{e}}, t = 1,2,\cdots,T$$

其中,$z3$、$z4$ 为0-1变量。

6)车道转向约束

模型通过二元变量$\boldsymbol{\Delta}_{i,i',k}$来表示对车道资源的配置,$\boldsymbol{\Delta}_{i,i',k} = 1$

表示进口道 i 上的第 k 个车道被分配给了转向 (i,i')，由于一条车道可以被分配给多个转向交通流占用，且单个转向交通流可以被分配到多个车道上，故车道资源约束条件应从上述两个方面来考虑，如约束式(4-42)和式(4-43)：

$$\sum_{i' \in \boldsymbol{\psi}_{\mathbf{e}}} \Delta_{i,i',k} \geqslant 1 \quad \forall i \in \boldsymbol{\psi}_{\mathbf{a}}, k = 1, \cdots, K_i \tag{4-42}$$

$$\sum_{k=1}^{K} \Delta_{i,i',k} \geqslant 1 \quad \forall i \in \boldsymbol{\psi}_{\mathbf{a}}, i' \in \boldsymbol{\psi}_{\mathbf{e}} \tag{4-43}$$

渠化时，需要保证车道中驶出的车流不冲突，即左侧的车道为直行或右转的时候，右侧车道不能为左转。因此，定义变量 $trans_{i,i'}$ 在动作 $M(i,i')$ 为左转、直行、右转的时候，分别取值1、2、3。则有如下约束：

$$\Delta_{i,i',k} + \Delta_{i,i'',k+1} \leqslant 1, trans_{i,i'} < trans_{i,i''} \quad k = 1, \cdots, K_i - 1 \tag{4-44}$$

7）交叉口交通流量约束

交叉口进口道的流出交通量为：

$$f_{i,J+1}(t) = \sum_{i' \in \boldsymbol{\Psi}_{\mathbf{e}}} fI_{i,i'}(t) \quad \forall i \in \boldsymbol{\Psi}_{a} \tag{4-45}$$

交叉口出口道的流入交通量为：

$$f_{i',1}(t) = \sum_{i \in \boldsymbol{\Psi}_{\mathbf{a}}} fI_{i,i'}(t) \quad \forall i' \in \boldsymbol{\Psi}_{\mathbf{e}} \tag{4-46}$$

上述式(4-4)～式(4-46)即为二元混合整数规划的约束条件。对于本章所建立的二元混合整数规划模型，可使用性能优越的数学优化求解器 Gurobi 基于分支定界法进行求解得到单交叉口的最优车道设置、相位组合和相位顺序。

4.3 本章小结

本章介绍了单交叉口信号控制优化模型的目标函数和约束条件。该模型以总延误最低为目标,对单交叉口的最优车道设置和信号配时进行求解,是干线及区域路网信号协调控制的基础模型。

第5章

干道信号协调控制优化模型

城市干线交通信号灯协调控制是提高干线通行能力、降低延误的有效手段。国内外学者对干线交通信号灯协调控制的模型与方法做了深入的研究。现有的干线信号控制优化方法大致可分为两大类:一类方法是干线绿波带最大法,Little[45]采用混合整数规划的方式,以最大化绿波带宽度为目标对干线的相位差进行优化;Gartner等[46]将交通流量考虑进协调控制算法中,根据不同的带宽需求提出了可变带宽的干线双向绿波控制模型;唐克双等[47]提出将绿波带靠近绿灯中间的位置,提高绿波带的稳定性;曲大义等[48]考虑交叉口之间的关联性,以保证下游交叉口无排队车辆为目标建立了干线控制优化模型;Wei Hao等[49]考虑到传统绿波算法需要划分子区带来的误差,提出将干线子区的划分和信号控制方案的优化同步进行,在满足优化目标的同时最小化划分子区的数目。此类研究可以得到干线相位差最优的方案，但是往往并未考虑干线上每个交叉口的信号灯设置达到最优。

第二类方法是基于目标函数最优的优化方法，目标函数最优法是基于对车队行驶中延误时间、停车次数的计算，建立起实际路网中信号参数与交通性能指标的关系，通过计算不同的信号参数组合下产生的交通性能指标，对比不同目标函数下的最佳信号配时。如 Ceylan 等[50]使用随机用户均衡理论确定车流的路径选择，并使用 TRANSYT 搭建的仿真模型获取不同信号控制方案下的运行指标，最后用遗传算法求解最佳的信号控制方案；Teklu 等[51]在 Ceylan 等工作的基础上，将这种模型仿真的方法应用到大型的路网上；Yue Liu 等[52]为了更好地体现交叉口车道等因素的影响，使用 CTM 构建了干线交通的中观模型，并以其作为信号控制方案的适应度函数，用遗传算法优化干线信号控制方案；Fangfang Zheng 等[53]使用马尔可夫链模拟驾驶时间的分布，并从驾驶时间的可靠性和期望值两个角度对干线信号控制方案进行优化。然而，上述研究往往仅考虑了干线信号灯协调控制的部分参数，尚未充分考虑干线信号灯协调控制的诸多参数如绿灯时长、相序、相位差的同步优化问题。

近年来，已有学者开始考虑同步优化干线的相位差和相位时长，Yunrui Bi[54]等以双层模糊控制模型来同步优化干线交叉口的相位时长和相位差，并使用重力搜索算法求解双层模型，然而该方法存在难以求得最优解等不足，进而限制了模型的适用范围。

在干线信号灯控制优化模型中，单个信号灯是干线交通控制的基础单元,单交叉口交通运行的指标会直接影响干线交通通行的效率。在传统的单交叉口信号灯优化研究中,往往以延误最小、通行能力最大、停车次数最小或信号灯周期最小化为目标函数。在干线交通信号灯控制模型中,单一的最大化单交叉口的通行能力可能会造成某个下游交叉口出现溢流和过饱和现象,因而,本章以最小化干线交通延误为总体优化目标:①首先构建单交叉口信号配时优化模型 M1,求解给定交通流量和转向比前提下的信号相位绿信比和相序,实现车均延误最低;②进一步构建以微观交通仿真为基础的干线信号灯协调控制非线性优化模型 M2,该模型包含"仿真-反馈-优化"三个阶段,以优化干线上各交叉口绿信比和相邻交叉口之间的相位差;③引入遗传算法对模型 M2 求解,实现干线车均延误降低并最终收敛,最终生成干线交通信号控制优化方案。

相较于以往学者的研究,本章提出的干线交通信号灯协调控制优化模型具有以下特点:

(1)构建混合整数规划模型,实现了以延误最小为目标函数的单交叉口信号灯设置的全局最优求解;

(2)构建干线信号灯协调控制的非线性优化模型,将干线作为一个整体来同步优化相位差与相位时长,在较短的时间实现了信号灯协调控制的近似最优解;

(3)模型具有良好的扩展性,采用合适的编码方式和编程对象,可以实现对干线各交叉口相序、相位时长、相位差的同步优化,使用不同的目标函数,则可以实现不同场景下的干线优化。

5.1 干线关键周期计算方法

将单个交叉口作为干线交通控制的基本单元，构建以最小延误为目标的单交叉口信号配时优化模型，以单交叉口进口道的车道数、交通流量及交通流量的转向相比等参数为输入，优化信号相位绿信比和相序，该模型即为第3章的单交叉口信号灯优化模型，将其命名为M1，即：

$$\min \sum_{i\in\psi}\sum_{j=1}^{J}\sum_{t=1}^{T} n_{i,j}(t) - f_{i,j+1}(t)$$

$$\text{s.t. 式(4-4)} \sim \text{式(4-46)成立}$$

在上述模型中，周期长度 C 为定值，无法在线性规划模型中自主寻优，为此需要在外部遍历周期长度，即在不同的周期长度下，运行优化模型M1，并选择与最小总延误相对应的周期长度、信号相位设置和车道渠化方案。将输入流量最大的交叉口设为关键交叉口，以关键交叉口最优周期为基础，设定各交叉的最优周期为关键交叉口周期的整数倍，即：

$$C_i = \begin{cases} \left[\dfrac{C_i}{\bar{C}}\right] \cdot C_i & C_i \geqslant \bar{C} \\ \bar{C} \Big/ \left[\dfrac{\bar{C}}{C_i}\right] & C_i < \bar{C} \end{cases} \tag{5-1}$$

式中，$\bar{C}$ 为关键交叉口的最优周期长度；[·]表示向上取整。例如：基于单交叉口信号配时优化模型得到的交叉口1、2、3、4的最优周期分别为 56s、80s、75s 和 140s，其中交叉口 2 为关键交叉口，则该 4 个路口的周期分别设定为 80s、80s、80s 和 160s。

5.2 “仿真-反馈-优化”的干线协调控制模型

本章选用微观交通仿真软件 SUMO（Simulation of Urban Mobility）构建干线协调控制模型 M2。SUMO 是由德国航空航天中心交通运输研究所研发的，可以实时计算干线车均延误。由于交叉口车均延误为一个非线性函数，而决策变量为各交叉口之间的信号灯相位差和绿信比，因此以延误最低为目标的干线信号协调控制模型是一个非线性优化模型，难以通过解析方法求得最优解，因此，本章通过微观仿真模型生成干线评价指标（即干线车均延误），通过启发式算法不断优化各交叉口绿信比和相位差。此外，该模型可以进一步扩展包括不同的优化目标，如干线车均停车次数、干线通行能力等。因此，本模型具有较好的扩展性。

由于该干线协调控制为非线性优化模型，本章引入了遗传算法对模型进行求解：

（1）首先为模型生成一组初始解，即各交叉口信号配时方案和各交叉口之间的相位差，各交叉口的初始配时方案为 4.1 节中所阐述的模型 M1 的最优解，通过非对称绿波算法获得各交叉口之间的相位差，将其输入 SUMO 微观交通仿真模型，得到车均延误，作为方案的评价指标，并以此对初始解进行筛选。

（2）对筛选出来的初始解，即各交叉口的相位时长和相位差进行编码,对编码后的信号控制方案进行交叉、变异操作生成新的方案,并使用微观交通仿真模型运行新方案,根据方案运行的结果对方案进行选择、迭代,进而对信号控制方案进行优化。本章提出的使用遗传算法对干线信控进行优化的迭代过程如图5-1所示。

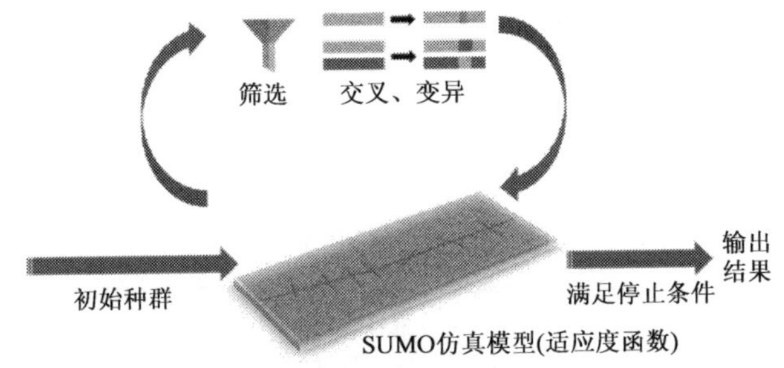

图5-1　基于遗传算法的优化过程

在该算法中,将每个交叉口的相位时长和交叉口之间的相位差作为变量,并按照一定的顺序排列起来。将每个交叉口的相位绿信比和相位差作为基因,将所有交叉口的配时和相位差连接成一个数组作为染色体,如图5-2所示。然后对染色体进行交叉、变异、选择的操作,逐步迭代生成新的信号配时,优化干线的信号控制方案。交叉、变异按图5-3所示的方式进行。

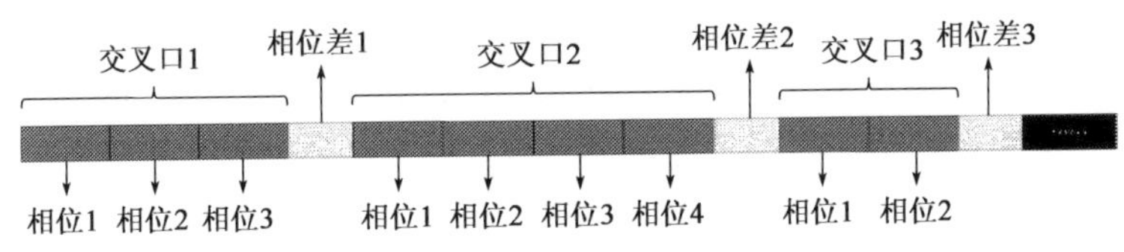

图5-2　干线信号配时遗传算法染色体编码示意

图5-3中的交叉操作是在生成下一代个体的时候任意选择两条染色体,然后按照预设的概率交换两个交叉口的配时方案。交

换的交叉口用一个随机数表示，比如一条有七个交叉口的干线，在判断要进行交叉操作的时候，会生成一个 1～7 之间的整数随机数，然后两条染色体就交换这个随机数对应的交叉口配时方案。而变异操作是在生成下一代个体的时候任意选择一条染色体，按照预设的概率判断是否有基因需要发生变化。变异即是在某基因原来的大小上增减一个 1～10 之间的随机数。由图 5-3 可以看到，变异的片段既可以是一个相位，也可以是一个相位差。

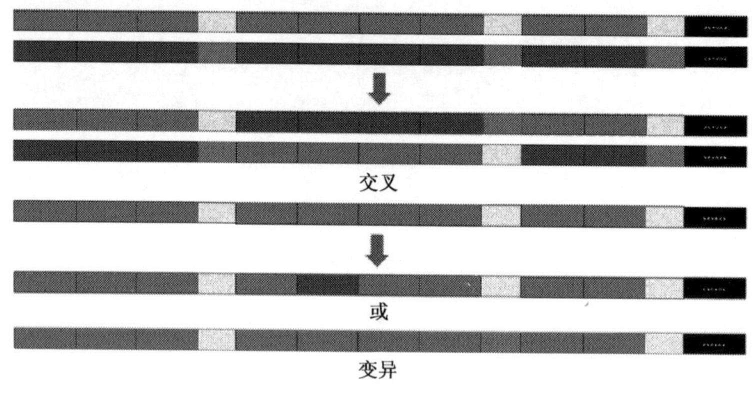

图 5-3　交叉、变异图解

每次生成个体之后就要对其进行筛选，本章使用 NSGA-Ⅱ算法对方案进行选择，在对个体进行筛选的时候能保证某些优良的个体在进化过程中不被丢弃。经过如图 5-3 所示的过程，不断迭代，最终求得近似最优解。

5.3　实例仿真与分析

本章以我国济南市经十路一条包含七个交叉口的干线为例，

验证本章提出的模型和算法。该干线为一条双向8车道的交通干线,交叉口的布局、单位小时流量、转向比来自真实流量调查,如图5-4所示。考虑到信号控制对右转车流没有影响,所有右转车流设置为0,通过SUMO构建该干线的微观交通仿真模型。

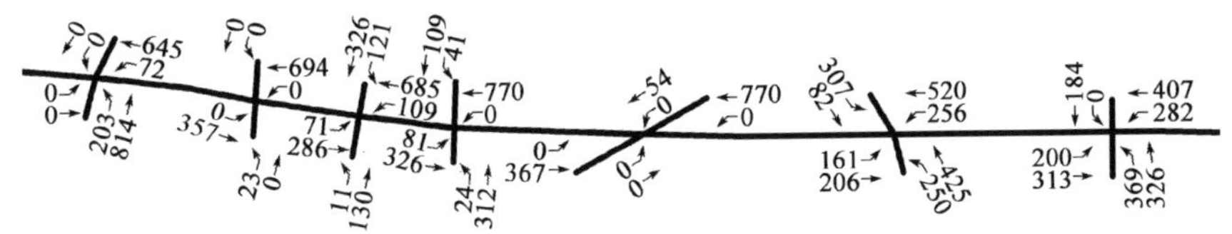

图5-4　干线交叉口布局及流量

按照5.2节所述方法运行M1,得到单个交叉口的信号配时方案和车道设置,并计算求得干线所有交叉口的最优周期长度均值为148s。然后使用非对称绿波算法[47]对干线的相位差进行优化,得到每个交叉口的信号控制方案如图5-5所示。

下一步求解M2,首先需要对干线信号配时进行如图5-5所示的遗传算法编码,将各相位的绿灯时长组合和相邻交叉口的相位差编码为一个整数数组。为方便查看,两个交叉口之间可以用“;”隔开,如下:

35,10,60,43,0;10,95,8,35,38;75,35,38,34;60,35,10,8,35,147;75,35,38,92;55,35,20,38,1。

进一步将这个方案经过如图5-3所示的交叉、变异操作,生成1000个初始解,作为遗传算法的初始种群。除此之外,遗传算法的初始化还包括设定迭代次数和每代生成的个体数,这里设置迭代次数为10,每代生成的个体数为300;最后运行如图5-1所示的优化过程，最终通过评价干线车均延误判断算法是否收敛。

交叉口编号	相位1	相位2	相位3	相位4	相位5	相位差(s)
1						0
相位时长(s)	35	10	60	43		
2						38
相位时长(s)	10	95	8	35		
3						34
相位时长(s)	75	35	38			
4						147
相位时长(s)	60	35	10	8	35	
5						92
相位时长(s)	75	35	38			
6						14
相位时长(s)	55	35	20	38		
7						97
相位时长(s)	70	35	43			

图 5-5 使用 M1 模型得到的各交叉口信号配时方案

本章使用的运算平台是 intel core^{TM} i7-7700HQ CPU，DDR4 8G RAM；运行环境为 python3.5.3，调用 4 线程运行本模型。最终的运行时间为6007.124s，对4431 个方案（每代生成的方案数目并不严格符合预设的值）进行了评估和筛选。由于本章为离线求解干线交通信号协调控制的配时方案，该时间被认为是一个可接受时间范围。如图 5-6 所示，随着代数的增加，方案的平均延误逐步降低，最终步入平稳。

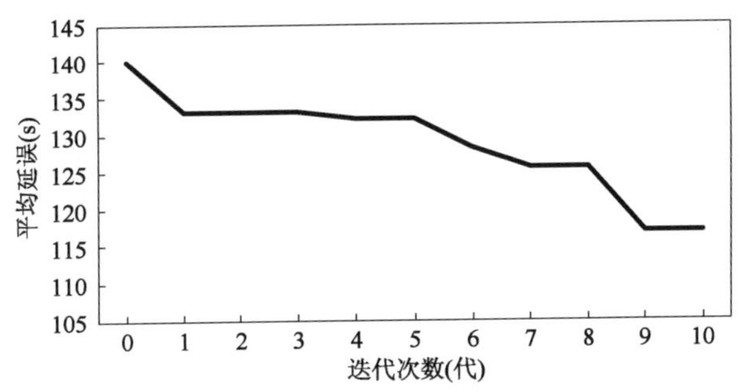

图 5-6　遗传算法每代个体的最小延误变化曲线

为验证本章提出方案的效果，使用微观仿真软件 VISSIM 搭建了如图 5-4 所示的干线微观交通仿真平台，进一步将本模型与传统的干线交通信号灯控制优化模型 Synchro 进行对比：在 Synchro 中对图 5-4 的干线各信号灯配时进行优化，将 Synchro 的优化方案（包括各交叉口信号灯周期、绿灯设置等）和本模型的优化方案分别输入微观交通仿真模型，得到两种干线交通信号灯控制方案下的平均延误，见表 5-1。在本节求解的干线信号灯协调控制方案下，各交叉口平均延误为 96s，而 Sycnrho 干线信号灯协调控制方案下的路口平均延误为 221s，在降低延误上，本模型比 Sycnrh 降低了 57%。

优化模型的效果 表 5-1

方　　案	平 均 延 误	延误降低百分比
Synchro 得到的方案	221s	
本模型得到的方案	96s	57%

为解决城市干线交通信号灯控制优化问题，本章提出了一种组合式的干线信号灯协调控制优化模型，该模型包括单交叉口信号灯控制优化模型 M1 和干线信号灯协调控制优化模型 M2 两个层面。单交叉口信号灯控制优化模型 M1 来自第 4 章，该模型可求得单交叉口信号灯设置的全局最优解。其次，构建了干线信号灯协调控制的非线性优化模型 M2，以遗传算法求解近似最优解。该组合模型与传统的干线信号灯优化模型 Synchro 相比，可以降低延误达到 57%。

第6章

基于强化学习的区域信号智能控制模型

本章介绍在单交叉口车道渠化、信号相位优化的基础上，利用短期(实时)网联车轨迹数据对城市路网内各交叉口的信号进行实时智能控制的方法，以适应交通流的波动变化，减少节点拥堵现象的发生，提高道路的通行效率。由于交通信号控制本质属于规则学习问题，而强化学习是机器学习算法中较为适合解决此类问题的方法(如阿尔法狗中就包括了强化学习模块)，故本章将区域信号的实时智能控制描述为一个深度强化学习问题。

本章首先介绍深度强化学习的基本原理，之后介绍短期网联车轨迹数据的预处理和深度强化学习算法 DRQN(Deep Recurrent Q-network)的组成结构设置。

6.1 深度强化学习基本原理

强化学习(Reinforcement Learning,RL)是一种面向目标的机器学习算法。它通过与环境的交互,学会在一系列离散步骤上实现复杂的目标[55]。深度强化学习是深度神经网络(Deep Neural Network)与强化学习相结合的算法,本质仍然属于强化学习范围。实现强化学习的基本方法是马尔可夫决策过程(Markov Decision Process,MDP),它由五个必要的部分组成,分别是状态集 $\boldsymbol{S}$、动作集 $\boldsymbol{A}$、奖励 $\boldsymbol{R}$、状态转移概率 $\boldsymbol{P}$ 和折扣因子 γ[56]。对于交通信号控制问题,在每个离散控制步骤中,RL 控制 Agent(例如信号控制器)迭代地观察环境(例如道路网络)的状态,根据其基本行为策略 π 相应地采取行动 a(例如直接改变信号相位或改变信号相位的持续时间),根据环境动力学和状态转移概率 $\boldsymbol{P}$,从环境中接收对所采取行动的反馈强化奖励 $\boldsymbol{R}$(例如等待时间、延误或行程时间),将其累积到其长期目标(最小化延误、减少行程时间或最小化停车次数),并转移到下一个状态 s'。RL-Agent 通过学习应用不同动作序列的累积折扣长期报酬(带折扣因子 γ)来优化策略,即从所有可能状态集 $\boldsymbol{S}$ 到所有可能动作集 $\boldsymbol{A}$ 的映射。在学习过程中,Agent 将最大化长期报酬作为目标,不断测试不同的策略(即动作 a 的组合),直到收敛到最优策略 π 为止。强化学习的过程示意图如图 6-1 所示。

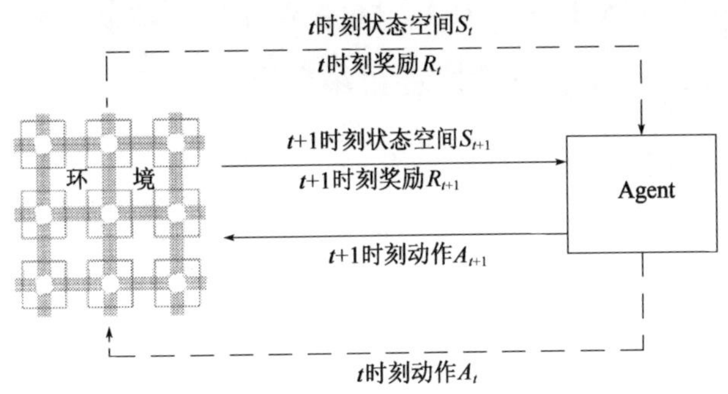

图6-1 强化学习过程示意图

强化学习问题的价值函数是对每个状态或状态-动作对的长期回报的估计。状态值是对来自状态 s 的策略 π 的预期长期奖励,定义为:

$$v_\pi(s) = E[R_t | S_t = s] \tag{6-1}$$

分解成贝尔曼方程为:

$$v_\pi(s) = \sum_a \pi(a|s) \sum_{s',r'} P(s',r'|s,a)[r + \gamma V_\pi(s')] \tag{6-2}$$

把 s 状态下 Agent 执行动作 a 时的累积未来报酬表示为 $Q(s,a)$,叫作 Q 值或动作值函数,定义为:

$$Q_\pi(s,a) = E[R_t | s_t = s, a_t = a] \tag{6-3}$$

分解成贝尔曼方程[46]为:

$$Q_\pi(s,a) = \sum_{s',r} P(s',r|s,a)[r + \gamma \sum_{a'} \pi(a'|s') Q_\pi(s',a')] \tag{6-4}$$

当 Q 值函数学习恰当时,最优策略是在给定 s 时选择 Q 值最大的动作。学习动作值函数的一种典型无模型强化学习方法是 Q 学习算法。它是一种非策略学习方法,选择的动作和学习过程是相互独立的,在 Q 学习中,Agent 基于一个称为 Q 表的矩阵,选择

使得 Q 值最高的动作 $a, a \in \boldsymbol{A}$。Q 表是所有离散状态值 $s \in \boldsymbol{S}$ 到所有离散动作值 $a \in \boldsymbol{A}$ 的映射表，在每个离散步骤中，Q 学习使用贪婪方法改进其策略。调整后的 Q 值使用以下公式进行学习：

$$Q_k(s,a) = (1-\alpha)Q_{k-1}(s-a) + \alpha\left[r + \lambda \max_{a'} Q_{k-1}(s',a')\right] \tag{6-5}$$

式中，Q_k 是学习步骤 k 调整后的新 Q 值；Q_{k-1} 是当前存储在 Q 表中的 Q 值；s、a、r 是 k 步骤的状态、动作和奖励；α 是控制调整大小的学习率；s'、a' 分别是下一时刻的状态和动作。它将 Q 值函数逐步更新为贝尔曼最优性方程定义的理想最优值。

传统的 Q 学习需要一个 Q 表来存储所有状态-动作(s,a)对的 Q 值。然而，当状态集 $\boldsymbol{S}$（例如交通状态的详细表示）增长时，Q 表变得非常大，这使得学习过程难以进行（“维度灾难”）。因此，引入 Q 表的函数逼近 $Q(s,a;\theta)$（其中 θ 是逼近器的超参数）。函数逼近的目的是从实例推广“函数”来估计映射。其中，较为常见的是神经网络逼近器。

由于 Q 值由函数估计，学习过程不再是直接更新 Q 值，而是更新参数 θ。然而，当应用神经网络逼近器时，可能会出现发散和不稳定，特别是对于高维连续状态作用空间。这是因为连续状态的输入高度相关，并且由于 Q 值的微小变化而频繁地改变策略。

深度 Q 网络（DQN）是最早使用深度神经网络作为函数逼近器的深度强化学习（DRL）算法之一，它通过经验回放和目标网络来解决上述不稳定和分歧问题[57]。经验重放打破了连续学习过程中状态的时间相关性。在每个训练步骤中，Agent 将其"经验"(s,a,r,s')存储到经验重放记忆θ中，然后从中随机抽取一小批样本来更新θ。这样就消除了连续状态之间的强相关性。目标网络利用另一个与主网络具备相同结构但更新频率较低的神经网络计算学习目标，经过一定的步数后更新权值，有助于在强化学习过程中稳定学习目标。

深度神经网络是一种由反向传播算法训练的深层神经网络。采用梯度下降算法对其内部参数进行逐步调整。一般来说，深度强化学习的损失函数定义为：

$$L(\theta)=\frac{1}{2}E_{s,a,r,s'}[r+\gamma\max_{a'}Q'(s',a')-Q(s,a)^2] \tag{6-6}$$

式中，$r+\gamma\max\limits_{a'}Q'(s',a')$像是监督学习中的学习目标，上标的$Q$值函数$Q'(s',a')$表示来自另一个神经网络，即目标网络的$Q$值函数估计，该神经网络仅在经过一定数量的步骤后更新其原始神经网络的内部参数。

在先前的Q值函数定义中，Q值由当前状态s和相应的动作a决定，而在非平稳环境中，状态s和动作a的Q值可能随着环境动力学的变化而变化。环境动力学就像部分可观测的马尔可夫决策过程(Partially Observable Markov Decision Process，POMDP)中隐藏的变量一样，对 Agent 来说是不可见的。将环境视为 POMDP 意味着Q值不仅与状态(观察)和动作有关，而且与观察历史有关。基于记忆的强化学习方法使用递归神经网络(Recurrent Neural Network)对观察历史进行编码。Hausknecht 和 Stone 曾在引入部分可观测性的基础上，提出了利用深度递归 Q 网络[57]。在他们的启发下，本书建立了具有长短期记忆(LSTM)的 DRQN 来进行信号实时控制。

6.2 基于 DRQN 的区域交通信号智能控制模型

在本章中，将区域信号实时智能控制问题建模成一个标准的深度强化学习模型，由于区域内交叉口之间的车流具有联动性，各个交叉口之间的信号控制应该相互协调。因此，设置一个智能体 Agent 作为全区域信号的控制代理器，它可以观察区域内的全部交通运行状况，并利用具有 LSTM 的 DRQN 对状态空间的信息进行有效提取；Agent 选择区域内交叉口的相位保持或跳转作为其动作，用动作向量表示，向量的尺寸对应区域内交叉口的数量；区域内车辆的运行状态指标，如车辆平均等待时间或者车辆平均停车次数作为状态-动作对的奖惩；系统的长期目标是减少路网内的累计延误。本章之所以选取具有长短期记忆 LSTM 的深度递归 Q 网络 DRQN，是考虑到该模型可以保留交叉口之间的空间、时间相互联系的信息，有利于 Agent 做出区域内交叉口交通信号的相互协调。

6.2.1 DRQN 的组成部分

该智能体 Agent 的训练过程如下：连接车辆的传感器。首先在时间步骤 t 向 Agent 发送状态空间 S_t，然后 Agent 再返回一系列相位设置。当车辆在变化后的交通信号灯下行驶时，状态空间变为新的状态 S_{t+1}。作为选择交通信号的决定，Agent 在时间步骤 t 结束时也获得奖励 R_t。在时间序列中，Agent 以…，S_t，A_t，R_t，S_{t+1}，A_{t+1}，R_{t+1}，…的形式与 DRQN 交互。状态空间 S_t、代理动作 A_t、奖励 R_t 的定义如下。

(1)状态空间

智能体 Agent 需要通过从网联车(CV)的传感器(GPS)获取环境信息 S_t 来做出正确的决策，区域路网的环境信息由两部分组成：当前的交通状态和当前的信号相位。根据之前的描述，与交通状态参数如交通量、排队长度、旅行时间相比，单个车辆的详细数据可以提供额外的出行需求和行为信息。例如，可以利用单个车辆的详细位置捕获左转待转区的拥堵状况。而车辆详细位置的获取取决于 GPS 的精度。由于 GPS 技术的局限性，民用 GPS 设备只能精确到 10m 左右，使得网联车(CV)的精确定位无法实现[58]。本书遵循地图匹配的思想，利用地图匹配校正 GPS 的误差，提出了一种将区域路网道路的交通状况转化为多个矢量的方法。该方法利用交叉口停车线一定距离范围内的网联车信息来表示交通状态，这样的好处是不需要获取区域路网中的所有车辆的位置，有利于路网规模的拓展。

如图 6-2 所示，将整个区域路网内的路网按照交叉口划分领域(灰框区域)。以左上角单交叉口为例，从停车线开始，将长度为 l 的车道段划分为长度为 c 的离散单元格，然后将每辆车的数据映射到这些小的单元格，这些单元格按照逆时针的方向依次组合，如图 6-3 所示，形成两个矩阵——密度矩阵 $\boldsymbol{m}$ 和速度矩阵 $\boldsymbol{v}$，由于右转车辆对信号灯的相位转换没有影响，因此右转车道不在考虑范围内。密度矩阵 $\boldsymbol{m}$ 的每个数值表示当前单元内的车辆数除以该单元的可容纳车辆数；速度矩阵 $\boldsymbol{v}$ 的每一个数值表示单元内车辆的平均归一化速度，即车辆的速度除以该路段的自由流速度。

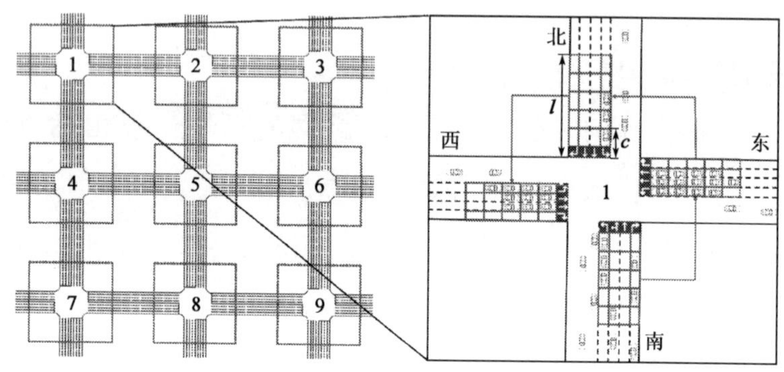

图 6-2　路网中单交叉口的网格划分示意图

南		东		北		西	
1	0	1	0.667	1	0	1	0.667
1	0	1	0.333	0	0	1	0
1	0	0	0.167	0	0	1	0
1	0	0	0	0	0	1	0
1	0.167	0	0	0	0	1	0

a)密度矩阵$\boldsymbol{m}$

南		东		北		西	
0.0	0	0.01	0.02	0.02	0	0.0	0.02
0.01	0	0.02	0.10	0	0	0.02	0
0.01	0	0	0.40	0	0	0.03	0
0.04	0	0	0	0	0	0.06	0
0.06	0.70	0	0	0	0	0.10	0

b)速度矩阵$\boldsymbol{v}$

图 6-3　路网中单交叉口的密度矩阵 $\boldsymbol{m}$ 和速度矩阵 $\boldsymbol{v}$

最后，整个区域路网中的交叉口依次按照顺序联合，如图 6-4 所示，形成最终两个矩阵 $\boldsymbol{M}$、$\boldsymbol{V}$ 来表示区域路网的整体交通状态。

另外，路网内所有交叉口的当前信号相位表示为一个 i 维矩阵 $\boldsymbol{P}$，i 是区域内交叉口的个数，如图 6-5 所示。其中相位的序号根

据第3章的M1模型确定。总之，最终的状态空间由三部分组成：密度矩阵、速度矩阵、相位矩阵，$S_t = (\boldsymbol{M}, \boldsymbol{V}, \boldsymbol{P})$。

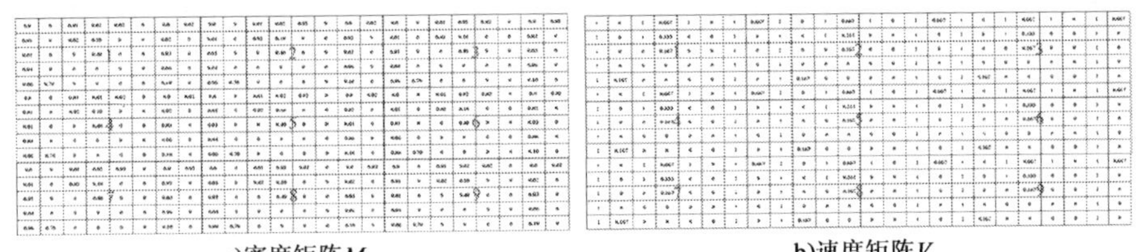

a)密度矩阵M　　b)速度矩阵V

图6-4　路网整体密度矩阵$\boldsymbol{M}$和速度矩阵$\boldsymbol{V}$

交叉口序号	1	2	3	4	5	6	7	8	9
相位序号	1	5	3	2	1	4	3	1	1

图6-5　路网相位矩阵$\boldsymbol{P}$

(2)动作集

在观察状态空间S_t后，在每个时间步骤t，Agent选择一系列动作A_i来对信号灯进行控制。其中，$A_i \subseteq A, A = \{0,1\}$，$i$表示路网中交叉口的编号。利用第4章中的模型，可以得到网络中每个交叉口的最佳车道设置、相位组合和相序。本章所需的优化变量为相位绿灯时间延长或相位跳变，使得交通信号控制成为非固定周期的。因此，在每个时间步骤t，如果交通信号控制器Agent选择交叉口i的动作“0”，则Agent将交叉口i的当前相位绿灯时间延长一定的时间，例如5s。当前绿灯持续时间大于或等于最大绿灯时间时，信号控制器将根据相序切换到下一个绿灯相位，在绿灯相位运行最小绿灯时间后，Agent再次做出决定。当Agent选择交叉

口 i 的动作“1”时，信号相位会切到全红相位 3s，清空交叉口，然后切换到下一个绿灯相位。综上所述，Agent 的动作表现是一个动作向量，其数目与此区域中的交叉口的个数相同，如图 6-6 所示。

交叉口序号	1	2	3	4	5	6	7	8	9
相位序号	1	0	0	0	1	0	0	1	1

图 6-6　动作向量

(3)奖惩函数

为了减少交通拥堵，当智能体 Agent 在某些时间步骤 t 上选择的动作 a 使路网上的车辆的等待时间减少时，应该对 Agent 做出一定的奖励，相反，则做出一定的惩罚。因此，对于 Agent 来讲，其目标是使车辆的行驶时间或总延误最小化，理论上定义为实际行驶时间与预期行驶时间之差。但是，由于这些参数仅在车辆到达目的地(例如每几分钟)时才知道，因此不可能获得每个离散控制步骤(例如每一秒)的行驶时间或总延迟。因此，本书以排队车辆的累计等待时间(占总延误的主导部分)作为目标指标，而不是以总延误作为目标指标。奖惩函数定义为所有车辆 $t+1$ 时刻和前一时刻 t 等待时间的差异：

$$R_t = AW_t - AW_{t+1} \tag{6-7}$$

式中，AW_t 和 AW_{t+1} 分别是 t 时刻和 $t+1$ 时刻的等待时间。当车辆排队时，Agent 将受到惩罚；当排队等候的车辆消散时，Agent 将得到奖励。

(4) Agent 目标

Agent 的根本目标是减少路网上的车辆等待时间，假设 Agent 在时间 t 开始时观察路网状态 S_t，然后根据以后的一系列动作策略 π 做出动作决策集，并在时间步长 t 得到一系列奖励：$R_t, R_{t+1}, R_{t+2}, R_{t+3}, \cdots$ 如果该 Agent 旨在在一个时间步长 t 上减少车辆在路网上的等待时间，那么 Agent 就足以选择一个使奖励 R_t 最大化的动作。然而，这样的策略会忽略当前动作对未来路网的车辆等待时间的影响，因此，从长远来看，Agent 需要找到一个动作策略 π，最大化累积未来奖励，即 Q 值为：

$$Q(s,a) = E\{R_t + \gamma R_{t+1} + \gamma^2 R_{t+2} + \cdots | S_t = s, A_t = a, \pi\} \quad (6\text{-}8)$$

式中，$E\{\quad\}$ 表示目标奖励的期望值；γ 是折减系数，$0 \leqslant \gamma \leqslant 1$，反映了Agent对未来奖励赋予的比重。$\gamma = 0$ 表示 Agent 只考虑当前的奖励 R_t，$\gamma = 1$ 表示 Agent 更看重未来奖励。

如果 Agent 已经知道所有状态-动作对 $s \in \boldsymbol{S}, a \in \boldsymbol{A}$ 的最优 Q 值$Q^*(s,a)$，那么最优动作策略 π 只是选择在状态下 s 达到最优 $Q^*(s,a)$ 的动作 a，因此，Agent 接下来的目标是要找到最优 Q 值 $Q^*(s,a)$。对于最优 Q 值 $Q^*(s,a)$，有如下递归关系，称为 Bellman 最优性方程：

$$Q^*(s,a) = E\{R_t + \gamma \max_{a'} Q^*(S_{t+1}, a') | S_t = s, A_t = a\} \quad (6\text{-}9)$$

理论上，Agent 获得的最优累积奖励等于即时奖励加上其后的最优未来奖励。如果总状态-动作对数量是有限的，并且知道基本系统模型的所有细节，例如交叉状态的转移概率和相应的期望奖励,可以解得最优 Q 值 $Q^*(s,a)$。然而,在现实中要获得这些信息是十分困难的。路网复杂的交通状况构成了巨大的交叉口状态 $\boldsymbol{S}$,并且很难找到这些状态的转移概率 $\boldsymbol{P}$。

因此,本章不选择直接求解式(6-9),而是利用参数化的深度神经网络逼近最优 Q 值 $Q^*(s,a)$,使得神经网络的输出 $Q(s,a;\theta)\approx Q^*(s,a)$,其中 θ 是从原始交通数据中学习的特征参数。

(5)模型结构

本章采用的模型结构是 CNNs-LSTM,输入是观察到的路网交通状态矩阵 $S_t=(\boldsymbol{M},\boldsymbol{V},\boldsymbol{P})$,输出是在每一个状态 S_t 下,所有动作 $\boldsymbol{A}$ 得到的 Q 值的估计值 $Q(\boldsymbol{S},\boldsymbol{A};\theta)$。具体使用的结构如图 6-7 所示。将交通状态矩阵(包括密度矩阵 $\boldsymbol{M}$ 和速度矩阵 $\boldsymbol{V}$)组合成双通道图像,通过两个卷积层过滤成矢量。本模型共包含两个卷积层、一个展平层、一个 LSTM 层和一个全连接层。第一卷积层有 4 个大小为 2×2 的卷积滤波器,池化步长为(2,1);第二卷积层有 8 个大小为 2×2 的卷积滤波器,池化步长为(1,1)。将其展平后与信号相位状态矢量 $\boldsymbol{P}$ 相串联,作为第四层 LSTM 的输入,第五层是全连接层。其中卷积层的激活函数是 Relu,LSTM 层则采用 Tanh 作为激活函数。由于输入大小的不同,层的大小因交叉点的不同而不同。

CNN 是一个由卷积层、池化层和全连接层三层组成的深度神经网络。卷积层在大的输入矩阵上起"窗口""扫描"的作用,提取局部区域的信息;池化层执行采样操作,全连接层是一个规则的神经网络层,通常是最后几层中的一层。与常规神经网络相比,CNN

利用了输入的局部空间相干性,使得输入的参数更少,从而克服了过拟合问题,节省了计算资源。

LSTM 是一种特殊的递归神经网络,通过引入一组记忆单元结构,用来进行输入信息的有效筛选,该结构通过线性交互等综合各种信息,例如让网络遗忘历史信息或者记录更新状态的时间等,达到对输入输出信息进行控制的目的。它的好处是通过特殊结构,在训练过程中可以使得先前的历史信息保存下来,输入到新的任务上,从而在具备时序特征的任务上,效果好于其他结构。而交通状态的演变具有明显的时序性,因此可以通过 LSTM 结构保留交通状态的时序特征。CNNs-LSTM 模型结构如图 6-7 所示。

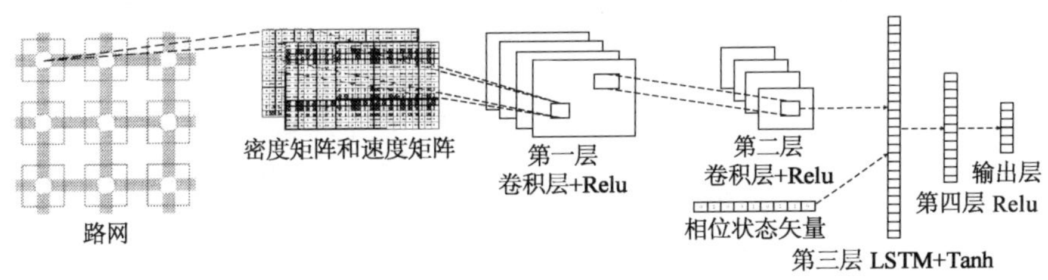

图 6-7　CNNs-LSTM 结构示意图

(6)最佳动作策略

理想情况下,经过训练的 Agent 能够很好地估计出最优 Q 值,并相应地学习最优动作策略。然而,在现实中,由于 Agent 只观测到有限的状态空间而非整个状态空间,因此 Agent 可能无法很好地估计那些最优 Q 值。此外,状态空间本身可能不断变化,使得当前估计的 Q 值过时。因此,Agent 总是面临一个权衡问题:是利用已经学习到的 Q 值(可能不准确或过时)并选择 Q 值最大的行动;

还是探索其他可能的行动,以改进 Q 值估计并最终改进行动政策。本书采用了一种简单而有效的折中方法,即贪婪策略。按照这种方法,在每个时间步骤,Agent 选择当前估计 Q 值最大的动作的概率为 $1-\varepsilon$,随机选择动作的概率为 ε。

在训练中,概率逐步减小:

$$\varepsilon_n = \max\left\{\varepsilon_{\min}, \varepsilon_{\max} - \frac{n}{N}(\varepsilon_{\max} - \varepsilon_{\min})\right\} \tag{6-10}$$

式中,n 是当前的训练步骤;N 是一个足够大的整数。损失函数采用 Huber 损失函数,而没有采用均方误差(MSE)或者平均绝对误差(MAE)。原因是使用 MAE 训练神经网络的一个问题是它的梯度始终很大,会导致使用梯度下降训练模型时,在结束时遗漏最小值。而 Huber 损失函数围绕的最小值会减小梯度,而且相比 MSE,它对异常值更具鲁棒性。因此,它同时具备 MSE 和 MAE 这两种损失函数的优点。

Huber 损失函数的具体函数如下:

$$L_\delta(y, f(x)) = \begin{cases} \frac{1}{2}[y - f(x)]^2 & |y - f(x)| \leq \delta \\ \delta|y - f(x)| - \frac{1}{2}\delta^2 & \text{其他} \end{cases} \tag{6-11}$$

6.2.2 DRQN 算法流程

利用 DRQN 进行区域交通信号智能控制的伪代码见表 6-1。整个过程采用单步更新的策略,单步更新相比回合制更新的好处是可以边训练边学习,收敛速度快。

DRQN 算法流程　　表 6-1

基于深度强化学习的区域交通信号智能控制
用随机权重 θ 初始化 CNNs-LSTM 网络
使用权重 $\theta' = \theta$ 初始化目标网络
初始化 ε、γ、β、N
for episode = 1 to N:
初始化路网的状态矩阵 S_1;
初始化动作 A_1, $A_1 = \{A_{11}, A_{12}, A_{13}, \cdots, A_{1n}\}$, n 是区域内的交叉口数量;
开始新的时间步骤;
for time = 1 to T:
Agent 得到当前的路网交通状态 S_t;
Agent 有概率为 ε 选择任意动作 A_t;概率为 $1-\varepsilon$ 选择 A_t, A_t
$= \arg\max\limits_{a} Q(S_t, a; \theta)$;
for $i = 1$ to n(交叉口个数):
if $A_{ti} == A_{(t-1)i}$
保持当前的相位不变;
else
跳转全红相位;
end if
end if
车辆在当前信号相位下行驶;
time = time + 1;
if 全红相位结束
执行选定的动作 A_t

续上表

基于深度强化学习 DRQN 的区域交通信号智能控制
end if
Agent 得到奖励 R_t 和当前的状态 S_{t+1}；
(S_t, A_t, R_t, S_{t+1})存储到经验回放 $\boldsymbol{M}$
形成训练数据:输入数据集和目标函数
更新 θ
更新 $\theta', \theta' = \beta\theta + (1-\beta)\theta'$
end if
end for
end for

6.3 本章小结

本章介绍了深度强化学习的基本原理,以及基于 DRQN 的区域信号智能控制模型,并进一步介绍了模型的组成部分,如状态空间、动作集、奖惩函数、Agent 目标、模型结构和最佳动作策略,并用伪代码描述了详细的算法流程。

第 7 章

案例分析

为了验证本书所提区域信号智能控制模型的有效性，本章选取了两个区域路网来进行实例研究，分别是包含 9 个交叉口的规则仿真路网和包含 8 个交叉口的深圳实际不规则路网。此外，本书还选取了传统的自适应控制算法、定时控制算法和 DRQN 深度强化学习算法与本书提出的模型进行对比，这里的定时控制模型与本书模型的第一部分采用的单交叉口信号控制优化模型一致，而这里的 DRQN 深度强化学习算法与第 6 章模型的后半部分结构一致，即不经过初步的单交叉口车道和信号灯设置优化，直接利用网联车实时数据进行信号控制。最后，本书对比了不同渗透率对模型结果的影响。整个实例验证部分的步骤如图 7-1 所示。

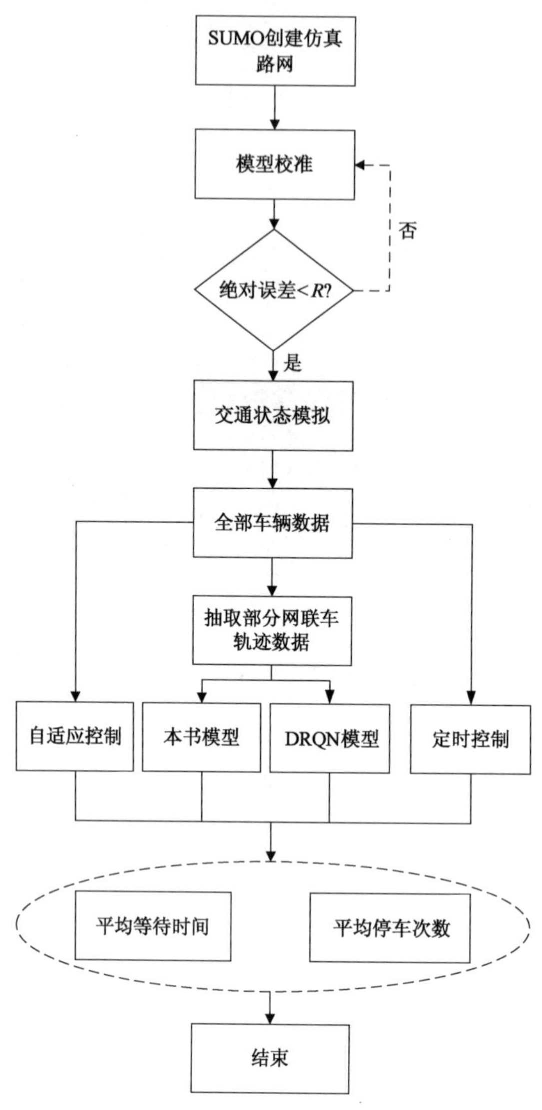

图 7-1　实例验证步骤过程图

在 SUMO 仿真环境中创建了两个路网,进一步进行模型校准,如果仿真中检测的小时流量和真实输入的小时流量之间的绝对误差小于10辆/h,说明模型校验符合要求。之后则模拟交通运行状况,得到全部的轨迹数据。为了对比不同交通信号控制模型的效果,选取了两个代表性的指标:区域内车辆的“平均等待时间”和“平均停车次数”来评判区域交通运行状况的好坏。值得注意的是,对比模型中,自适应控制和定时控制是采用全部轨迹数据作为输入,而本书模型和经典的DRQN模型是仅仅采用部分渗透率的网联车轨迹数据作为输入。下面分别对两个路网的模型验证和对比过程展开进行介绍。

7.1 仿真路网实例

7.1.1 模型求解过程

首先利用SUMO创建一个包含9个交叉口的规则仿真路网,如图7-2所示。该路网是一个3×3的双向4车道结构,两个交叉口之间的直线距离是1000m,路网周边的交叉口进口道长度是500m。

为了得到长期的网联车轨迹数据,进行了30d每天包含8h的交通模拟,这样可以得到相应的全部车辆轨迹数据。以全部车辆作为真实数据,随机抽取一定的比例(即不同的网联车渗透率)作为已知的网联车轨迹数据,作为模型的输入,然后分别进行交通流量估计(第3章)、单交叉口信号控制优化(第4章)和区域信号智能控制(第6章)。下面以网联车轨迹数据的渗透率10%为例,按照步骤展示该过程。

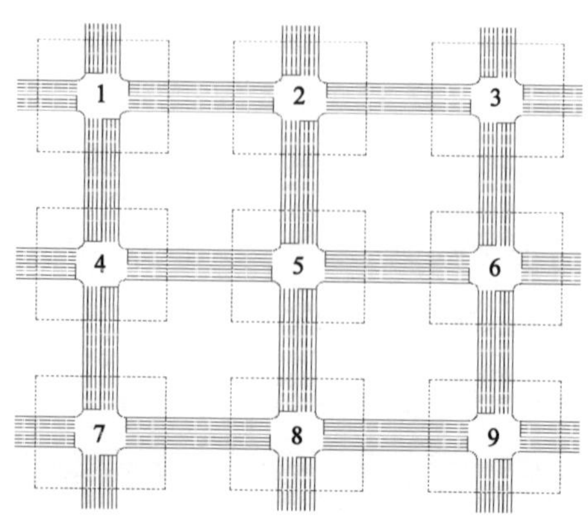

图 7-2 仿真路网结构示意图

1)基于长期网联车轨迹数据的交通流量估算

按照第 3 章的方法对路网中各路口的到达交通流量进行估计,首先假设车辆到达率在一天中符合时变的泊松分布,其次将一天的时间按照信号周期划分,分为可以检测到网联车轨迹的周期以及无法检测到网联车轨迹的周期;对可以检测到网联车轨迹的周期,进行网联车渗透率和交通流量估计,然后将这些估计到的交通流量作为贝叶斯推断模型的先验信息,以估计周期的平均到达交通流量。

首先对可以检测到网联车轨迹的周期,进行排队长度的估算。以图 7-2 中 1 号交叉口的南进口道为例,因为不同相位的绿灯放行时间不一样,因此将左转和直行分开进行计算。图 7-3 是几个可以检测到网联车轨迹数据的直行周期流量估算,其中灰色的轨迹点是周期内所有车辆的行驶轨迹,黑色的轨迹点是 10% 渗透率下网联车的轨迹,黑色的轨迹线是最后一辆在排队队列中停车的网联车轨迹。通过式(3-1)~式(3-25)计算排队长度。

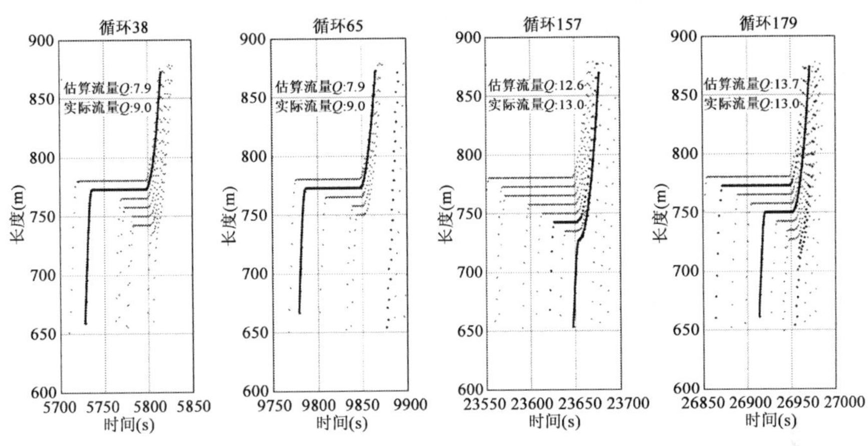

图7-3 不同周期车辆排队情况

在得到估算的排队长度后,根据队列中停车的网联车数量推算网联车的渗透率,进而根据式(3-28)、式(3-29)估算周期交通流量。表7-1是10%渗透率下1号交叉口南进口道的左转和直行的周期交通流量估算结果,可以看出,周期交通流量的估算结果和实际值的绝对误差在10.9%左右,此后,通过第3章的贝叶斯推断过程,可以进一步降低估算误差。

不同周期估算流量和实际流量对比 表7-1

渗透率10%	信号周期	估算流量	实际流量	绝对误差(%)
左转	129	7.0	8	12.4
	132	10.0	13	22.9
	136	12.6	11	14.8
	181	8.0	7	13.9

续上表

渗透率 10%	信号周期	估算流量	实际流量	绝对误差(%)
直行	22	9.2	10	8.2
	106	14.6	14	3.9
	173	18.6	17	9.7
	181	13.3	13	1.9

图 7-4 是 8h 仿真时间的所有周期交通小时估算结果,其中,深色代表实际的周期流量值,浅色代表估算的周期流量值,可以看到,由于网联车的渗透率只有 10%,图 7-4 中存在很多周期缺失的网联车数据。

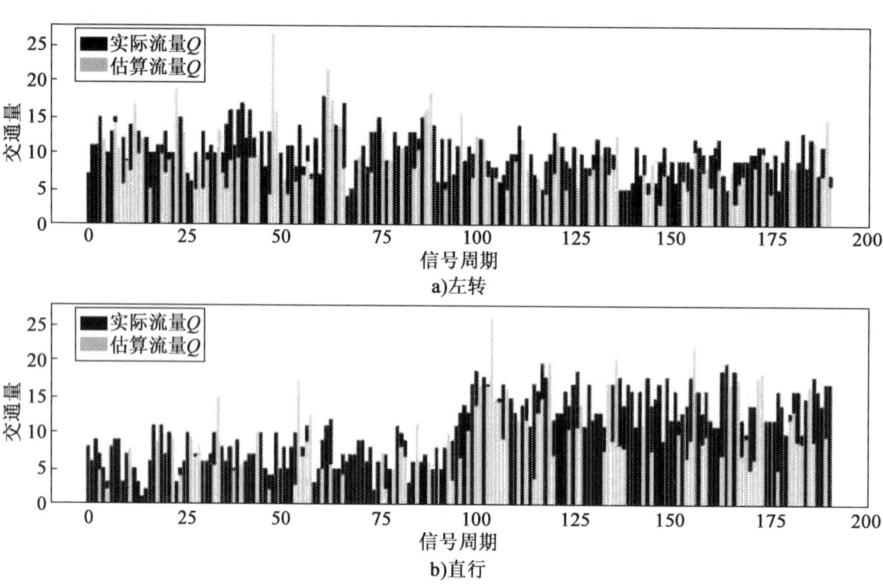

图 7-4　全部周期的估算流量和实际流量对比

然后,使用贝叶斯推断来估计泊松分布的时间相关参数 λ 和时间边界 τ。将可以捕捉到的网联车轨迹用作先验信息,以此推断不同的时间范围内不同的交通到达率和时间划分的边界。即使每个周期捕捉到的网联车数量仅为每个周期总车辆数的一小部分,也可以假设它遵循泊松分布。在将网联车的流量作为先验信息输入贝叶斯推断模型后,得到的网联车到达率的后验分布如图7-5所示。该图清楚地表明,在8h内存在两个不同的网联车到达率,并且只有一个时间边界 τ,其分布在第95个信号周期周围。从信号周期0到信号周期95,直行的网联车的流量为0.32辆/周期;从信号周期95到信号周期192,直行的网联车流量为0.61辆/周期。同样,在第一时间段和第二时间段,左转网联车到达率的边界为第95个周期,其值分别是0.65辆/周期和0.50辆/周期。

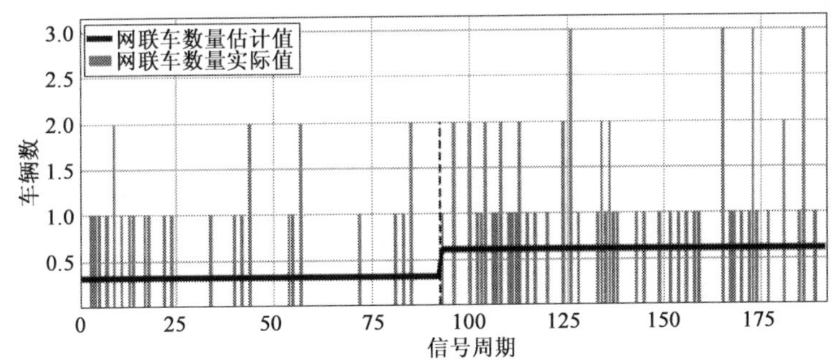

图7-5 网联车流量和时间边界

图7-6表示的是两个重要参数的后验分布,图7-6a)是两个阶段的直行网联车到达率 λ 的后验分布,图7-6b)是时间边界 τ 的后验分布。

接下来的一步是进行两个时间范围内的交通到达率估计,两个时间范围内基于队列的交通量估计被设置为周期交通量的先验信息。经过用MCMC步骤进行10000次迭代的贝叶斯推导过程,两个时间范围内的交通到达率 λ 的后验分布如图 7-7 所示。基于大数定律,将两个时间范围 λ 的后验分布的平均值设为 λ^*,即 λ 的估计值,见表 7-2。

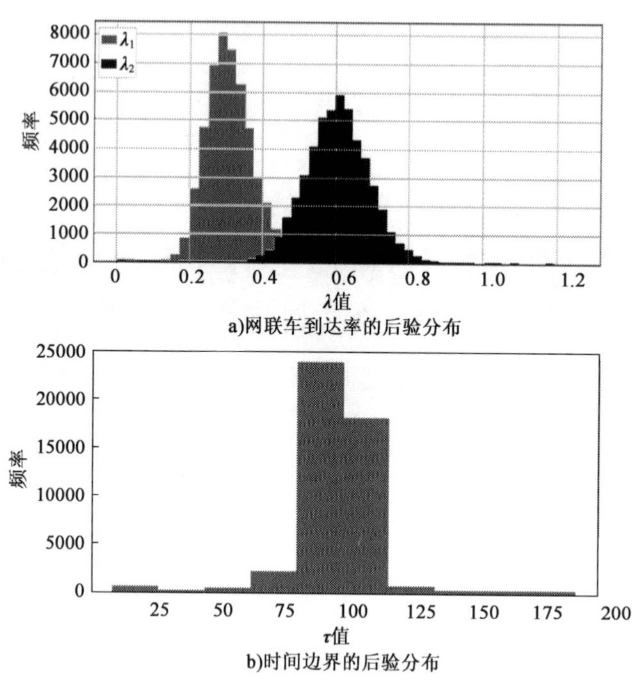

a)网联车到达率的后验分布

b)时间边界的后验分布

图 7-6　时间边界划分

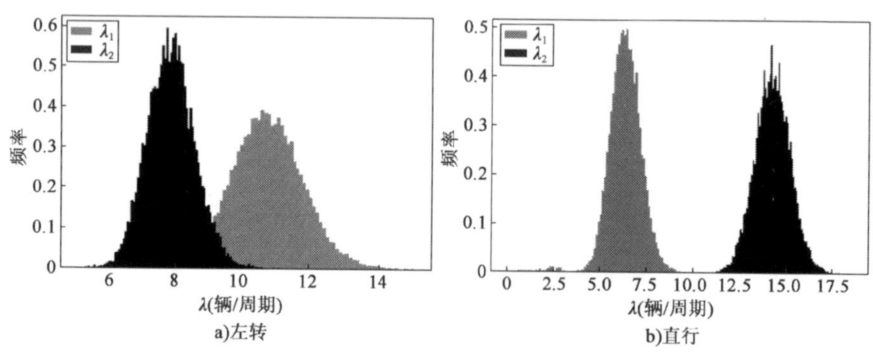

a)左转　　b)直行

图 7-7　交通到达率的后验分布

直行和左转交通到达率估算准确度 表7-2

阶段	相位	τ^*	τ	λ^*（辆/周期）	λ（辆/周期）	绝对误差（%）
1	直行	94	96	6.2	6.7	7.5
2				13.3	14.2	6.3
1	左转	95	96	10.9	10.8	0.9
2				9.2	8.8	4.5
平均绝对误差						4.8

只要估计出周期交通量和时间边界的泊松分布，就可以直接从该分布中提取出无网联车轨迹的周期的交通量，并从估计出的周期交通量中聚合出10min、30min或1h的交通量。最后利用平均绝对误差（MAPE）来表示估算精度，如式（7-1）所示。

$$\mathrm{MAPE}=\frac{1}{S}\sum_{i=1}^{S}\frac{|Estimated\_Q_i-Observed\_Q_i|}{Observed\_Q} \tag{7-1}$$

式中，$Estimated\_Q_i$ 和 $Observed\_Q_i$ 分别是第 i 个时间范围的交通量的估计值和实际值；S 为时间范围的总个数。

图7-8是左转和直行两个方向10min、30min和1h的交通量估算值和实际值的对比，得到的平均绝对误差也标注在图中右上角。结果表明：

（1）该方法可以对泊松分布参数 λ、时间边界 τ 以及不同时段（例如10min、30min或1h）的交通量 Q 进行精准的估计。

（2）该方法解决了网联车轨迹稀疏的情况下交通流量的估计问题，非常适合网联车渗透率很低的情况。即使一个周期内仅存

在一个网联车轨迹(例如图7-3中的周期22、103、111),本书所提

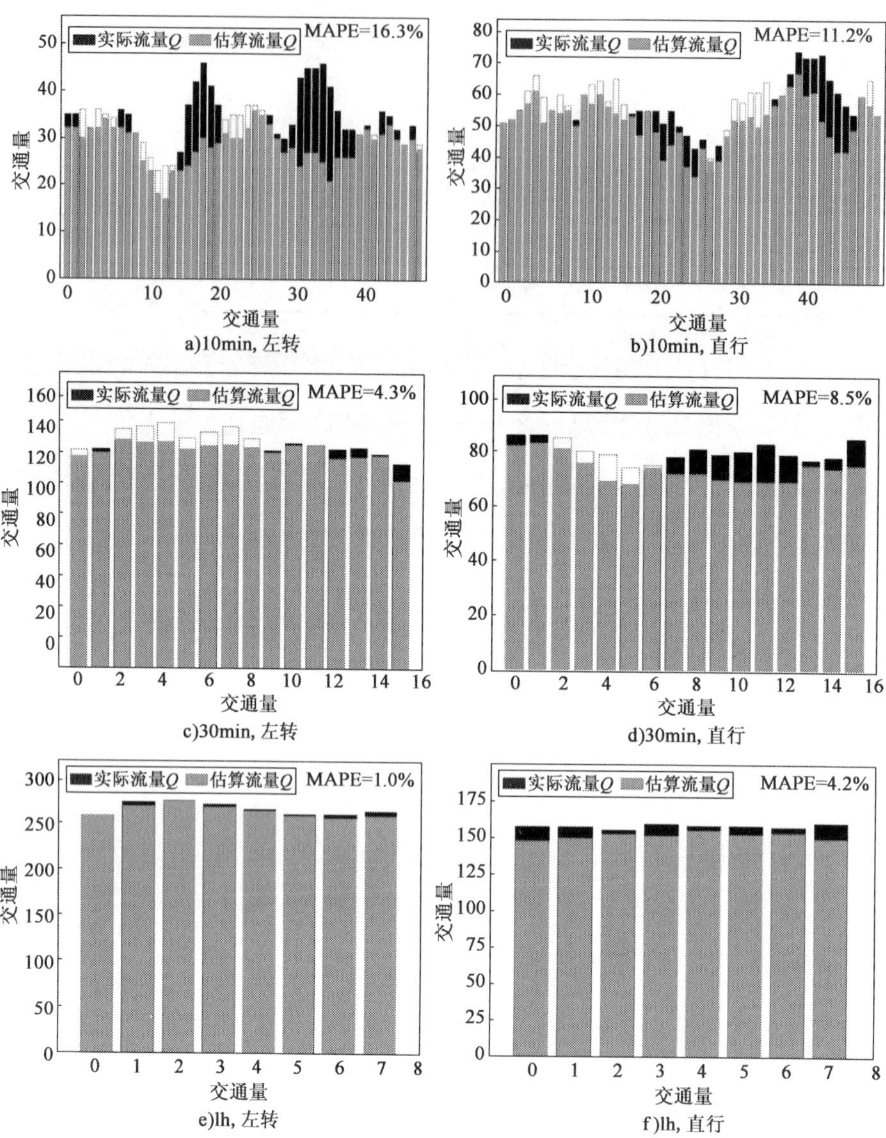

图7-8 估算交通量和实际交通量

出的方法也可以精准地估计交通量的分布。捕捉到的网联车轨迹越多,得到的先验信息越多,从而得到对交通到达率、时间边界以及交通量的更准确估计。

图7-8以区域内的1号交叉口南进口为例,可以看到估算的单位小时流量的绝对误差为4.2%,验证了基于长期网联车轨迹数据估算交通流量方法的可行性。通过批量运算,可以得到区域内所有交叉口的左转和直行的估算流量,而右转车辆由于一直处于放行状态,极少形成排队现象,因此将根据交叉口捕捉到的左转/直行/右转的网联车的比例进行设置。SUMO所需的流量设置是区域边缘所有进口道的流量和区域内交叉口的转向比,经过流量转化后,最终得到的该包含9个交叉口的仿真区域的基本流量和转向比如图7-9所示。

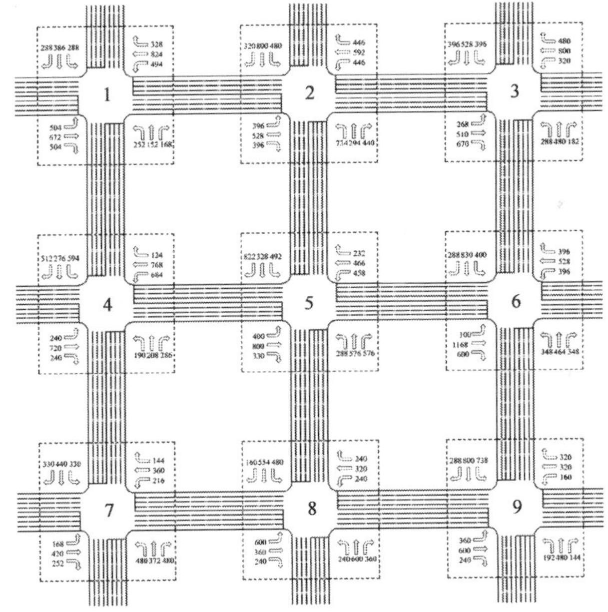

图7-9 区域交通流量和转向比

2)单交叉口信号控制优化

在第一步得到单交叉口车流量和转向比的基础上,利用第4章的单交叉口信号灯优化模型对各单交叉口的信号相位和车道设置进行同步优化,可以得到每个交叉口的最优车道设置、相位组合方式和相位顺序。

经过模型计算得到的1号交叉口和3号交叉口的最优车道设置(渠化)如图7-10所示:两个交叉口都各有三个进口道设置了一条左转车道、两条直行车道和一条右转车道;由于1号南进口道左转车辆比例较大,因此模型经过计算得到最优的车道设置是一条左转车道、一条左转和直行共享车道、一条直行车道和一条右转车道;3号交叉口的西进口道由于右转比例较大,因此设置的是一条左转车道、一条直行车道、一条直行和右转共享车道以及一条右转车道。

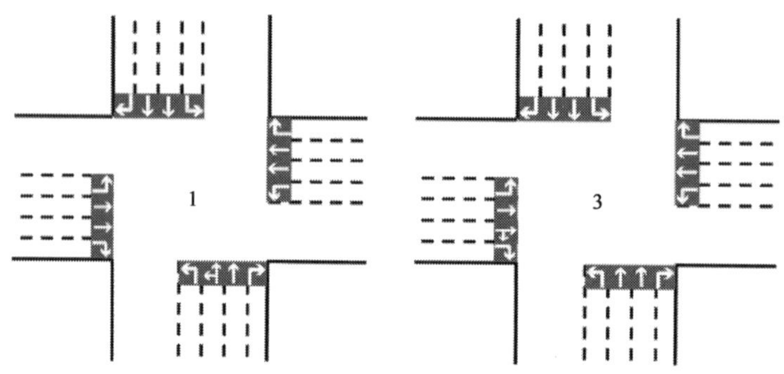

图7-10　车道资源分配示意图

经过模型计算得到的9个交叉口的相位设置,即相位组合和相位顺序如图7-11所示。

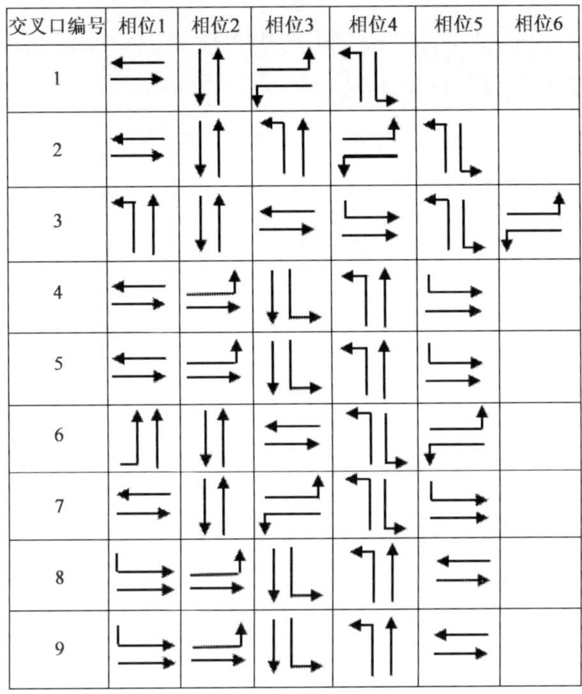

图7-11 仿真路网相位组合及相位顺序详情图

3)基于短期网联车轨迹数据的区域交通信号智能控制

最后采用第6章的方法实现了区域交通信号的实时智能控制,将区域内实时的网联车轨迹数据输入DRQN模型进行训练。神经网络参数设置见表7-3,其中输入层是由交通状态矩阵(包括密度矩阵 $\boldsymbol{M}$ 和速度矩阵 $\boldsymbol{V}$)组合成的双通道图像,由于仅将路口周围300m的空间作为信息搜索范围,网格的大小设置为60m,所以最终得到的状态空间的大小为 $15\times24\times2$,实际覆盖面积是 9km^2($3\text{km}\times3\text{km}$)。本模型共包含两个卷积层、一个展平层、一个LSTM层和一个全连接层。第一卷积层有4个大小为 2×2 的卷积滤波器,池化步长为(2,1);第二卷积层有 8 个大小为 2×2 的卷积滤波器,池化步长为(1,1)。将其展平后与信号相位状态矢量 ***P*** 相串联,作为第四层 LSTM 的输入,第五层是 9 个输出的全连接层。输出层是具有 18 个输出的完全连接层。其中卷积层的激活函数是 Relu,LSTM 层则采用 Tanh 作为激活函数。

仿真路网 CNNs-LSTM 模型设置参数 表 7-3

层号	名　称	通　道　数	大　小
0	输入层	2	15×24
1	卷积层	4	(2,2)
	max 池化层	4	(2,1)
	激活层(Relu)	无	无
	标准化层	无	无
2	卷积层	8	(2,2)
	max 池化层	8	(1,1)
	激活层(Relu)	无	无
	标准化层	无	无
3	flat 层	无	1232
4	LSTM 层	1	64×148
	激活层(Tanh)	无	无
5	全连接层	无	9
6	输出层	1	18

本书采用单步更新策略,图 7-12 是模型的训练结果(每隔 300s 输出一个点),分别为路网的平均等待时间和平均停车次数。可以看出,随着训练时间的增加,该区域内的车辆平均等待时间和平均停车次数先增加后降低并趋于稳定,说明模型训练效果稳定。

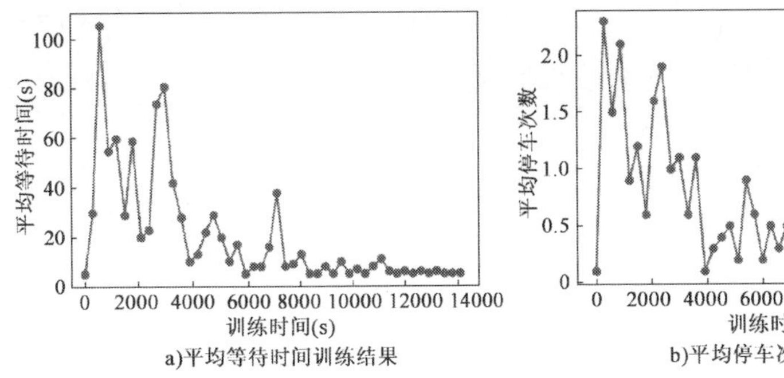

a)平均等待时间训练结果

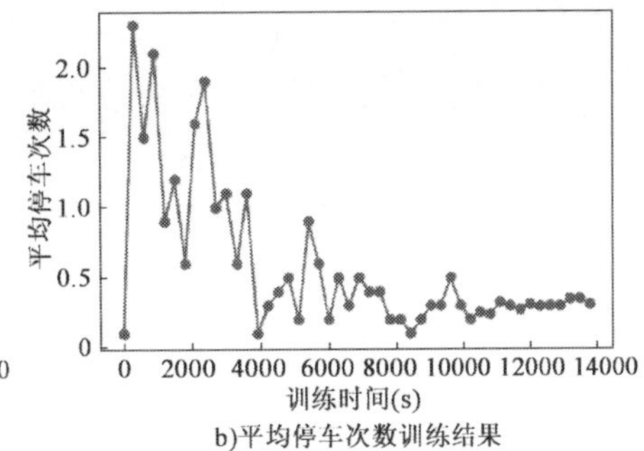

b)平均停车次数训练结果

图 7-12　仿真路网平均等待时间和平均停车次数的训练结果

7.1.2　模型对比分析

为了说明模型的有效性,将训练好的模型与传统的自适应控制、定时控制算法和 DRQN 深度强化学习算法进行对比,这里的定时控制模型与第 4 章的单交叉口信号控制模型一致,而这里的经典的 DRQN 深度强化学习算法与第 6 章的 DRQN 模型结构一致,即直接利用网联车实时数据进行信号控制。仿真路网平均等待时间和平均停车次数的测试结果如图 7-13 所示。

通过训练和测试过程得到仿真路网平均等待时间和平均停车次数的对比结果见表 7-4。可以发现,相较于经典的自适应控制方法,本书提出的模型可以降低平均停车次数 65.34% 和平均等待时间 62.17%。相较于定时信号控制模型,本书提出的模型可以降低平均停车次数 56.13% 和平均等待时间 45.56%。相较于经典的 DRQN 模型,本书提出的模型可以降低平均停车次数21.39% 和平均等待时间 19.00%。从整体的波动性上来看,本书的模型相较于其他三种模型来讲,车辆的平均停车次数和平均等待时间较为稳定,说明本书的模型效果更优。

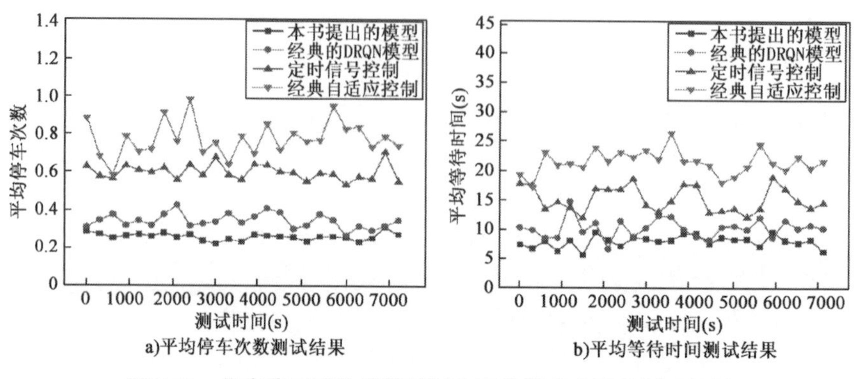

图 7-13 仿真路网平均等待时间和平均停车次数的测试结果

仿真路网平均等待时间和平均停车次数的对比结果 表 7-4

方　法	平均停车次数	提升百分比(%)	平均等待时间(s)	提升百分比(%)
经典自适应控制	0.753	65.34	21.738	62.17
定时信号控制	0.595	56.13	15.105	45.56
经典 DRQN 模型	0.332	21.39	10.152	19.00
本书提出的模型	0.261	—	8.223	—

其次,为了验证网联车的渗透率对于模型结果的影响,第三步抽取了多种渗透率的网联车轨迹数据进行模型的训练和测试。图 7-14 是不同的网联车渗透率下每时刻区域内车辆平均停车次数和平均等待时间,是整个测试过程中区域内全部车辆的平均值。结果表明,渗透率在 10% ~100% 的区间内,每时刻区域内车辆平

均停车次数和车辆平均等待时间差异在5%以内,说明本书提出的模型在较低的渗透率下具有较好的鲁棒性,这与2018年Jinghong Zeng等论文中所提的结论一致,其主要的原因是模型结构中LSTM记忆单元的长时记忆功能弥补了网联车渗透率低的缺点。

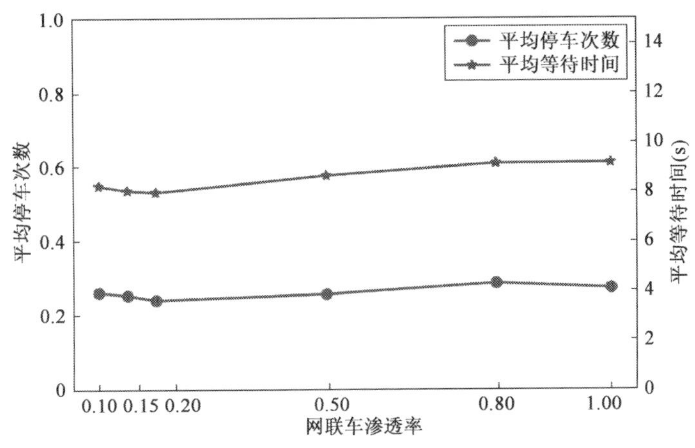

图7-14 仿真路网不同渗透率对模型效果的影响

7.2 实际路网实例

第二个案例是一个实际存在的不规则路网,本节首先按照原始的路网拓扑结构和几何结构进行仿真还原,接着在仿真环境中模拟原始的交通状况,进一步运用本书提出的模型并验证其效果。

7.2.1 模型求解过程

(1)原始交通状态还原

首先需要在SUMO中创建实际路网的几何结构模型,选取路网的结构示意图如图 7-15 所示。该区域位于深圳市龙岗区,范围为北至张衡路,南至贝尔路,东至冲之大道,西至五和大道。共包含 8 个交叉口,其中 4 个 T 形交叉口和 4 个十字形交叉口。其对应的路网结构可以从 OpenStreetMap(OSM)下载并导入 SUMO。从 OSM 下载地图的好处是,OSM 提供的地图可以完整呈现实际路网的几何结构和拓扑结构,包括车道设置都是符合实际情况的,并且 SUMO 可以完全识别。

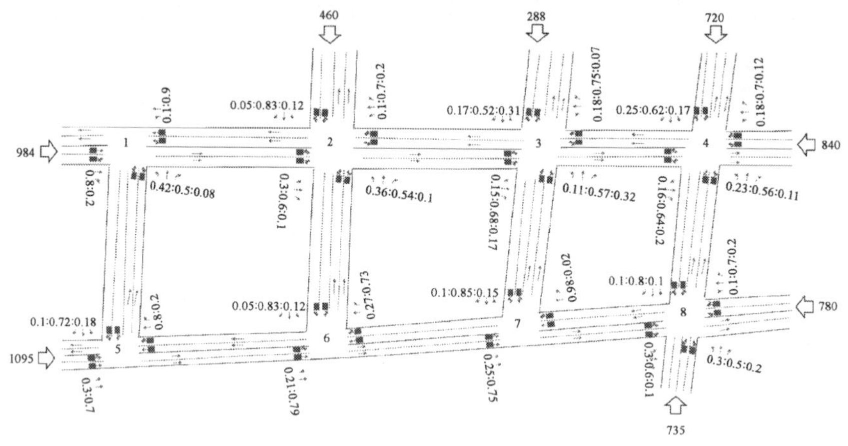

图 7-15　深圳实际区域路网结构示意图

接下来重要的一步是对路网交通状态进行模拟,本研究中以该区域7:00—9:00 早高峰作为研究对象,模拟此时段的交通状况。其中,交通量数据是从深圳市政府数据开放平台获取的公开数据集。该平台网站地址是 https://opendata. sz. gov. cn。数据集共包含从 2019 年 1 月 12 日到 2019 年 2 月 1 日共计 20d 的交通流量数据,每天的时间范围是 0:00—24:00。具体的数据类型包括:

每个交叉口的进出口交通流量5min频率的统计数据以及原始定时信号配时方案,部分数据见表7-5。

"冲之—贝尔"交叉口数据 表7-5

时间	交叉口命名	方向	左转	直行
2019年1月12日0:00	chongzhi_beier	东	5	27
2019年1月12日0:05	chongzhi_beier	东	4	23
2019年1月12日0:10	chongzhi_beier	东	8	16
2019年1月12日0:15	chongzhi_beier	东	7	28
2019年1月12日0:20	chongzhi_beier	东	12	44
2019年1月12日0:25	chongzhi_beier	东	5	14

结合以上两个步骤,可以对该时段的交通状态进行仿真模拟,模拟场景的由真实数据集的交通量计数进行进一步的校准。经过校准后的仿真模型小时交通量和实际场景的小时交通量之间的绝对误差为4.8辆/h,表明该仿真模型可以准确还原该路网的实际交通状态。

(2)本书模型求解过程

由于仿真路网案例已经详细描述过本书模型的整个过程,这个案例将不再叙述详细过程,仅将重要步骤的结果作为展示。图7-16展示了交通流量和转向比以及车道设置的结果,图7-17展示了模型所得的最优的相位组合和相位顺序。

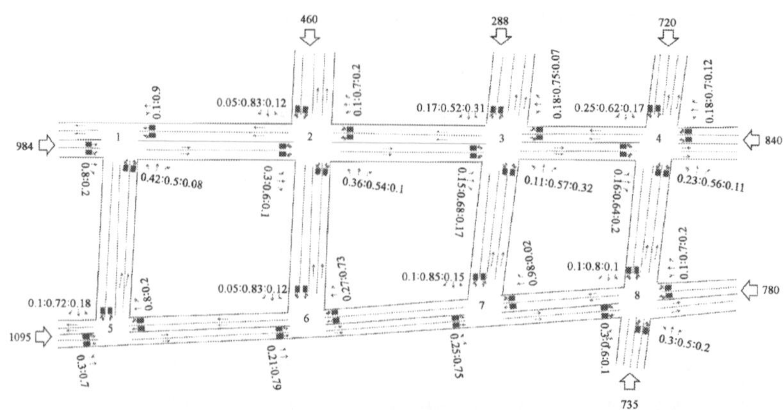

图 7-16　路网交通流量和转向比以及车道设置

交叉口编号	相位1	相位2	相位3	相位4
1				
2				
3				
4				
5				
6				
7				
8				

图 7-17　实际路网相位组合及相位顺序详情图

在得到交通流量和转向比，以及最优的车道设置、相位组合和相位顺序后，将利用短期的网联车轨迹数据进行区域交通信号的实时智能控制，其中 DRQN 模型中所用的神经网络 CNNs-LSTM 具体参数的设置见表 7-6，本案例含有 8 个交叉口，最终所得的状态空间的大小为 10 × 32 × 2，实际覆盖面积是 2.64km^2(1.1km × 2.4km)。

实际路网 CNNs-LSTM 模型设置参数　　表 7-6

层号	名称	通道数	大小
0	输入层	2	10 × 32
1	卷积层	4	(2,2)
	max 池化层	4	(2,1)
	激活层(Relu)	无	无
	标准化层	无	无
2	卷积层	8	(2,2)
	max 池化层	8	(1,1)
	激活层(Relu)	无	无
	标准化层	无	无
3	flat 层	无	960
4	LSTM 层	1	32 × 148
	激活层(Tanh)	无	无
5	全连接层	无	8
6	输出层	1	16

7.2.2　模型对比分析

本案例将训练好的模型与定时控制和 DRQN 深度强化学习算

法进行对比，这里的定时控制方案是原始的信号配时方案，这里的DRQN深度强化学习算法与本书模型的后半部分结构一致，即不经过初步的单交叉口车道和信号灯设置优化，直接利用网联车实时数据进行信号控制，训练结果如图7-18和表7-7所示。

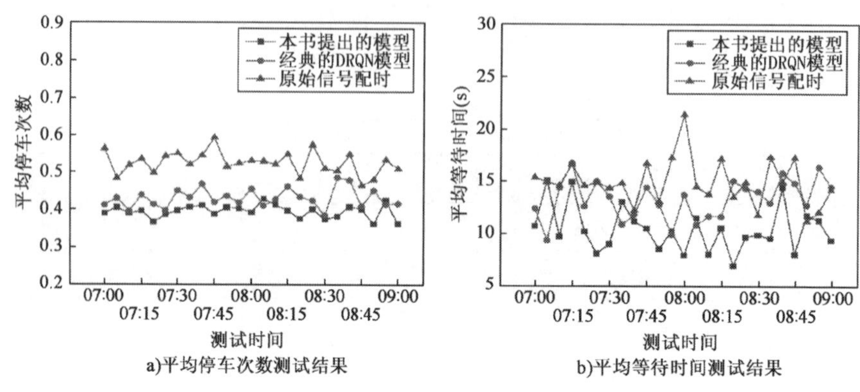

图7-18　实际路网平均等待时间和平均停车次数的测试结果

实际路网平均等待时间和平均停车次数的对比结果　表7-7

方　　法	平均停车次数	提升百分比（%）	平均等待时间（s）	提升百分比（%）
原始信号配时方案	0.528	26.95	15.002	25.19
经典 DRQN 模型	0.429	10.08	12.409	9.56
本书提出的模型	0.386	—	11.223	—

通过训练和测试过程，可以发现，相较于原始的数据集的信号配时方案，本书提出的模型可以降低平均停车次数26.95%和平均等待时间25.19%。相较于经典的DRQN模型，本书提出的模型可以降低平均停车次数10.08%和平均等待时间9.56%。

本案例也验证了网联车渗透率对模型效果的影响，如图7-19所示，平均停车次数和平均等待时间随着网联车渗透率变化趋势与仿真案例一致，即在不同的网联车渗透率条件下，本书提出的模型有较为一致的网络表现，证明了本书提出的模型在不同渗透率条件下的鲁棒性。

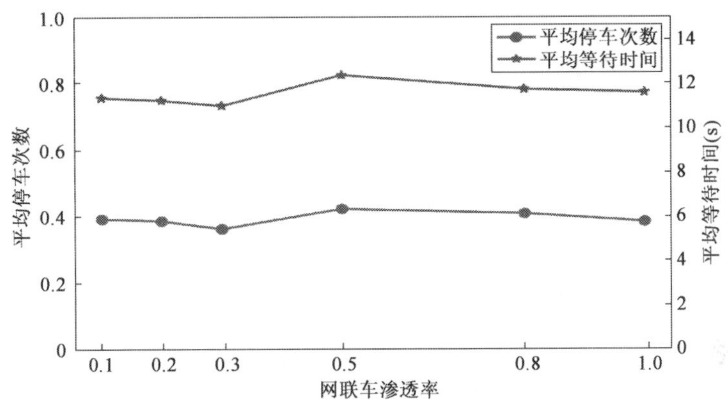

图7-19 实际路网不同渗透率对模型效果的影响

7.3 本章小结

本章主要利用两个案例，仿真规则路网和实际不规则路网对本书提出的区域信号智能控制模型进行测试和评估，并与传统的自适应控制模型、定时控制模型以及传统的深度强化学习模型进行对比。结果显示，与对比模型相比，本书模型在车辆平均等待时间和车辆平均停车次数上有10%～65%的降低，凸显了本书模型在把控区域路网运行状态和交通信号控制领域的适用性和高效性。

第 8 章

结论与展望

本书基于车联网的背景，研究了国内外交通信号控制的研究现状，发现目前该领域存在以下问题：

(1)传统的方法依赖于固定检测器检测到的交通流量，由于固定检测器误差较大，在路网进行大规模铺设及维护成本高，使得我们难以完整观测路网的交通流量信息，进而限制了现有交通信号控制模型的应用。

(2)传统的单点交通信号控制优化模型或干道协调控制优化模型，缺乏考虑区域各交叉口交通流量的关联性，虽然此类优化模型提高了单交叉口的通行能力或者减少车辆在单个交叉口的延误，反而有可能引起相关联路口的更多延误。

(3)传统的区域交通信号控制方法，往往仅考虑了交通流量的长期规律性，而忽略了交通流量的短期波动性，难以通过不断学习交通流量的波动性,来更智能动态地优化区域交通信号控制方法。

(4)最新的以强化学习为代表的交通信号灯智能控制方法,往往忽略了交通流量的长期规律性,仅考虑了交通流量的短期波动性,通过不断学习规则的方式来对交通信号进行调控,既难以揭示交通控制的内在机理,也使得规则的学习耗时长,效果不够稳健。

因此,本书提出了一种车联网环境下的城市交通信号控制理论框架,该理论框架包含交通状态估计(第3章)、离线交通信号控制优化(第4章、第5章)和在线交通控制优化(第6章),该理论框架仅需要网联车轨迹数据作为模型输入,就可分别求解得出单交叉口、干线和区域路网的信号控制方案。在第一个步骤中,首先针对区域路网中的单个交叉口,利用低渗透率的网联车轨迹数据,采用排队论和贝叶斯推断的方法,实现了单交叉口的基本流量和转向比的估算。在第二个步骤中,构建了一个二元混合整数规划BMILP(Binary Mix Integer Linear Program)模型来实现单交叉口的信号控制优化,具体来说,该模型优化车道设置、相位组合和相位顺序,针对干线信号协调控制,提出了一种"仿真-反馈-优化"的干线协调控制优化模型,在单交叉口信号控制优化的基础上,寻找最优的信号灯相位时长和相邻交叉口相位差的优化。在第三个步骤中,我们提出了一种基于深度强化学习网络DRQN的区域信号智能控制模型,该模型仅以网联车短期(实时)轨迹数据为输入,转利用CNNs-LSTM网络结构提取路网关键信息,智能学习并动态调整区域内各交叉口的绿灯时长，以整体优化路网交通运行指标。

本书对该理论框架进行了验证，分别选取了一个规则路网(9交叉口方格路网)和一个实际不规则路网(深圳市龙岗区8交叉口路网)进行验证。仿真结果表明，在第一个仿真路网上，相较于自适应控制方法，本书提出的模型可以降低平均停车次数65.34%和平均等待时间62.17%；相较于定时信号控制模型，本书提出的模型可以降低平均停车次数56.13%和平均等待时间45.56%；相较于DRQN模型，本书提出的模型可以降低平均停车次数21.39%和平均等待时间19.00%。在第二个实际路网上，相较于原始的数据集的信号配时方案，本书提出的模型可以降低平均停车次数26.95%和平均等待时间25.19%。相较于DRQN模型，本书提出的模型可以降低平均停车次数10.08%和平均等待时间9.56%。

通过以上的模型对比评估，可以看出，本书提出的理论框架模型可以基于低渗透率网联车轨迹数据，估算路网交通流量；并基于交通流量的长期规律性，优化区域内单交叉口的车道资源、相位顺序和相位组合，保障了在统计学意义上，区域交通控制的时空资源分配逼近最优的效果；该理论框架中的深度强化学习框架使得路网可以不断地学习交通流量的短期波动性，更加智能化地对交叉口信号灯绿灯时间进行调整，以降低波动性对路网通行效率的影响。

参 考 文 献

[1] 中华人民共和国中央人民政府. 交通强国建设纲要[EB/OL]. (2019-09-19)[2019-11-19]. http://www.gov.cn/zhengce/2019-09/19/content_5431432.html.

[2] 中华人民共和国交通运输部. 2018年交通运输行业发展统计公报[EB/OL]. (2019-04-12)[2019-11-19]. http://xxgk.mot.gov.cn/jigou/zhghs/201904/t20190412_3186720.html.

[3] WEBSTER F V. Traffic signal settings, road research technical paper no.39[J]. Road Research Laboratory,1958.

[4] R E ALLSOP. Delay-minimizing Settings for Fixed-time Traffic Signals at a Single Road Junction[J]. Ima Journal of Applied Mathematics, 1971,8(2):164-185.

[5] GALLIVAN S, HEYDECKER B. Optimizing the control performance of traffic signals at a single junction[J]. Transportation Research, Part B (Methodological),1988,22(5):357-370.

[6] LAM W H K, POON A C K, MUNG G K S. Integrated Model for Lane-Use and Signal-Phase Designs[J]. Journal of Transportation Engineering,1997,123(2).

[7] WONG C K, WONG S C. Lane-based optimization of signal timings for isolated junctions[J]. Transportation Research, Part B Methodological, 2003, 37(1):63-84.

[8] MAO J, LIU Y, LUO Z, et al. A Dynamic Lane-Based Signal Merge

Control Model for Freeway Work Zone Operations[C]. Transportation Research Board Meeting,2013.

[9] LITTLE J D C. The Synchronization of Traffic Signals by Mixed-Integer Linear Programming [J]. Operations Research, 1966, 14 (4): 568-594.

[10] NATHAN H, GARTNER, LITTLE J D C,et al. ERRATA: Optimization of Traffic Signal Settings by Mixed-Integer Linear Programming[J]. Transportation Science,1976,10(2):222.

[11] GARTNER NATHAN H, LITTLE J D C,et al. Optimization of Traffic Signal Settings by Mixed-Integer Linear Programming [J]. Transportation Science,1975, 9(4):344-363.

[12] LITTLE J D C, KELSON M D, GARTHEN N M. Maxband:A Program for Setting Signals on Arteries and Triangular Networks[C]. 60th Annual Meeting of the Transportation Research Board,1981.

[13] 常云涛, 彭国雄. 基于遗传算法的城市干道协调控制[J]. 交通运输工程学报, 2003,3(2):106-112.

[14] 万绪军, 陆化普. 线控系统中相位差优化模型的研究[J]. 中国公路学报,2001(2):101-104.

[15] SHEN Guojiang. Urban Traffic Trunk Two-direction Green Wave Intelligent Control Strategy and Its Application[C]. Intelligent Control and Automation,2006. WCICA 2006. The Sixth World Congress on IEEE, 2006.

[16] 李伟, 李彦, 何东之,等. 基于线性规划的干线模糊补偿控制[J]. 公路交通科技, 2007, 24(8):110-114.

[17] 孔祥杰, 沈国江, 孙优贤. 基于多智能体的交通干线动态智能协

调控制[J]. 解放军理工大学学报(自然科学版),2010,11(05):66-72.

[18] KUYER L. Multiagent ReinforcementLearning and Coordination for Urban Traffic Control using Coordination Graphs and Max-plus[C]. Joint European Conference on Machine Learning and Knowledge Discovery in Databases. Berlin:Springer,2008.

[19] EL-TANTAWY S, SAMAH B. Multi-Agent Reinforcement Learning for Integrated Network of Adaptive Traffic Signal Controllers (MARLIN-ATSC)[C]. Intelligent Transportation Systems (ITSC), 2012 15th International IEEE Conference on IEEE, 2012.

[20] AREL I, LIU, C, URBANIK T,et al. Reinforcement learning-based multi-agent system for network traffic signal control[J]. IET Intelligent Transport Systems, 2010,4(2):128-135.

[21] 夏新海. 面向城市自适应交通信号控制的强化学习方法研究[D]. 广州:华南理工大学, 2013.

[22] 魏勇. 城市区域交通信号控制及交通状态分析研究[D]. 杭州:浙江大学, 2013.

[23] SIMS A G, DOBINSON K W. The Sydney Co-ordinated Adaptive Traffic(SCAT) System: philosophy and benefits. [C] International Symposium on Traffic Control Systems,1979, 29(2):130-137.

[24] BRETHERTONR D, BOWEN G T. Recent Enhancements to SCOOT: SCOOT VERSION 2. 4[C]. International Conference on Road Traffic Control,1990.

[25] 刘义, 何均宏. 强化学习在城市交通信号灯控制方法中的应用[J]. 科技导报, 2019, 37(6):84-90.

[26] 张辉，杨玉珍，李振龙，等. 基于分布式Q学习的区域交通协调控制的研究[J]. 武汉理工大学学报(交通科学与工程版)，2007，31(6):1121-1124.

[27] 李林. 基于强化学习的交通拥堵控制方法研究[D]. 长沙:湖南大学，2016.

[28] 张辰，喻剑，何良华. 基于Q学习和动态权重的改进的区域交通信号控制方法[J]. 计算机科学，2016 (8)：171-176.

[29] WU T, ZHOU P, LIU K, et al. Multi-Agent Deep Reinforcement Learning for Urban Traffic Light Control in Vehicular Networks[J]. IEEE Transactions on Vehicular Technology, 2020, 69 (8): 8243-8256.

[30] 项俊平. 城市道路交通信号区域均衡控制方法及应用研究[D]. 合肥:中国科学技术大学，2018.

[31] HAO P, BAN X, BENNETT KP, et al. Signal timing estimation using sample intersection travel times[J]. Intelligent Transportation Systems, IEEE Transactions on Intelligent Transportation Systems, 2012, 13(2):792-804.

[32] FAYAZI S A , VAHIDI A , MAHLER G , et al. Traffic Signal Phase and Timing Estimation From Low-Frequency Transit Bus Data[J]. IEEE Transactions on Intelligent Transportation Systems, 2015, 16 (1):19-28.

[33] LONG G. Acceleration characteristics of starting vehicles [J]. Transportation Research Record: Journal of the Transportation Research Board, 2000 (1737): 58-70.

[34] LIGHTHILL M J . On kinematic waves II: A therory of traffic flow on

long crowded roads [J]. Proceedings of the Royal Society A Mathematical Physical & Engineering Sciences, 1955, 229(1178): 317-345.

[35] LIUH X, WU X, MA W, et al. Real-time queue length estimation for congested signalized intersections[J]. Transportation Research Part C, 2019,17(4):412-427.

[36] ZHENG J, LIU HX. Estimating traffic volumes for signalized intersections using connected vehicle data [J]. Transportation Research Part C: Emerging Technologies, 2017(79): 347-362.

[37] ROSTAMI S M, AKBAR SAFAVI A, MARKOS P, et al. A data fusion approach for real-time traffic state estimation in urban signalized links [J]. Transportation Research Part C: Emerging Technologies, 2018(92): 525-548.

[38] CHIB S, GREENBERG E. Understanding the metropolis-hastings algorithm [J]. The American Statistician, 1995, 49(4): 327-335.

[39] ZHENG J, LIU H X. Estimating traffic volumes for signalized intersections using connected vehicle data [J]. Transportation Research Part C: Emerging Technologies, 2017:347-362.

[40] LO HK. A novel traffic signal control formulation[J]. Transportation Research Part A, 1999, 33(6):433-448.

[41] LO HK. A cell-based traffic control formulation: strategies and benefits of dynamic timing plans[J]. Transportation Science, 2001, 35(2): 148-164.

[42] DAGANZO C F. The cell transmission model: A dynamic representation of highway traffic consistent with the hydrodynamic

theory[J]. Transportation Research Part B: Methodological, 1994, 28(4): 269-287.

[43] DAGANZO C F. The cell transmission model, part II: Network traffic [J]. Transportation Research Part B:Methodological, 2008, 29(2): 79-93.

[44] WOLSEY L A. Integer programming[J]. John Wiley & Sons Inc New York, 1998, 20(32):116-134.

[45] LITTLE J D C. The Synchronization of Traffic Signals by Mixed-Integer Linear Programming[J]. Operations Research, 1966, 14(4): 568-594.

[46] GARTHER N H, ASSMANN S F, LASAGA F, et al. MULTIBAND—A Variable-Bandwidth Arterial Progression Scheme [J]. Transportation Research Record Journal of the Transportation Research Board, 1990, 1287:212-222.

[47] 唐克双, 孔涛, 王奋, 等. 一种改进的多带宽干线协调控制模型[J]. 同济大学学报(自然科学版), 2013, 41(7):1002-1008.

[48] 曲大义, 万孟飞, 王兹林, 等. 基于交通波理论的干线绿波协调控制方法[J]. 公路交通科技, 2016, 33(9):112-119.

[49] WEI H, YONGJIE L, YAO C, et al. Signal Progression Model for Long Arterial: Intersection Grouping and Coordination[J]. IEEE Access, 2018,6:30128-30136.

[50] CEYLAN H, BELL M G H. Traffic signal timing optimisation based on genetic algorithm approach, including drivers' routing [J]. Transportation Research Part B: Methodological, 2004, 38 (4): 329-342.

[51] TEKLU F, SUMALEE A, WATLING D. A Genetic Algorithm Approach for Optimizing Traffic Control Signals Considering Routing [J]. Computer-Aided Civil and Infrastructure Engineering, 2010, 22 (1):31-43.

[52] LIU Y, CHANG G L. An arterial signal optimization model for intersections experiencing queue spillback and lane blockage[J]. Transportation Research Part C: Emerging Technologies, 2011, 19 (1):130-144.

[53] ZHENG F, VAN ZUYLEN H J, LIU X, et al. Reliability-Based Traffic Signal Control for Urban Arterial Roads [J]. IEEE Transactions on Intelligent Transportation Systems, 2016:1-13.

[54] BIY, LU X, SRINIVASAN D, et al. Optimal Type-2 Fuzzy System for Arterial Traffic Signal Control [J]. IEEE Transactions on Intelligent Transportation Systems, 2017:1-19.

[55] SUTTON R , BARTO A . Reinforcement Learning: An Introduction [M]. MIT Press, 1998.

[56] 郑献予. 多智能体干线动态协调控制方法[D]. 镇江:江苏大学,2017.

[57] GONG Y, ABDEL-ATY M, CAI Q, et al. Decentralized network level adaptive signal control by multi-agent deep reinforcement learning[J]. Transportation Research Interdisciplinary Perspectives, 2019, 1:100020.

[58] HONGS, LEE M H, CHUNH H, et al. Observability of error states in GPS/INS integration [J]. IEEE Transactions on Vehicular Technology, 2005, 54(2): 731-743.